CHRONIQUE

DE

BÉTHARRAM.

PROPRIÉTÉ.

Se vend au profit de l'œuvre de Bétharram.

CHRONIQUE

DE NOTRE-DAME-DU-CALVAIRE

DE BÉTHARRAM,

lieu de Pélerinage, dans le pays de Béarn,

(BASSES-PYRÉNÉES);

PAR M. L'ABBÉ J.-M. MENJOULET,

DIRECTEUR AU GRAND-SÉMINAIRE DE BAYONNE.

Ave, gratiâ plena,
Dominus tecum.

PAU,
É. VIGNANCOUR, Imprimeur-Libraire.

1843.

A MONSEIGNEUR

L'ILLUSTRISSIME ET RÉVÉRENDISSIME

FRANÇOIS LACROIX,

ÉVÊQUE DE BAYONNE.

Monseigneur,

Permettez-moi de déposer ce petit Ouvrage aux pieds de Votre Grandeur, et de le publier sous vos auspices. Protégé par le nom d'un si savant et si pieux Évêque, il sera plus favorablement accueilli, je l'espère, par les nombreux fidèles de votre Diocèse.

Il faut, au reste, que je le déclare : c'est pour obéir à vos ordres que j'ai composé ce livre. J'ai voulu satisfaire le désir que vous aviez de connaître l'histoire du sanctuaire qui est comme la perle précieuse de votre Église, et pour lequel vous professez une tendre affection, qui date d'une époque antérieure à votre épiscopat.

Que n'ai-je su, Monseigneur, me tenir au niveau du sujet confié à ma faiblesse ! Je ne regrette point toutefois de n'avoir pu mettre au jour une œuvre littéraire. Ce que je voudrais, c'est que les âmes trouvassent ici de quoi nourrir leur dévotion pour la Croix et pour la Sainte-Vierge.

Puisse du moins ce modeste essai contribuer en quelque chose à la gloire de Notre-Dame de Bétharram !

Puisse-t-il aussi être agréé de vous comme un faible témoignage de ma reconnaissance pour des bienfaits de tous les jours, et, si j'osais le dire, comme l'expression de ma piété filiale pour celui dans lequel S.¹ Jérôme m'apprend à vénérer le **Père de mon âme !**

J'ai l'honneur d'être avec le plus profond respect,

Monseigneur,

De votre Grandeur,

Le très-humble et très-obéissant serviteur,

MENJOULET, Prêtre.

Samedi 22 avril 1843 ;

Jour anniversaire de la fondation de Bétharram, d'après un vieux Calendrier.

A MARIE,

REINE DU CLERGÉ;

A MARIE,

REINE DES APOTRES;

DAIGNE CETTE TENDRE MÈRE

VEILLER SANS CESSE

SUR L'ŒUVRE DES SÉMINAIRES

ET SUR CELLE DES MISSIONS !

AVANT-PROPOS.

I.

Site de Bétharram.

C'est une bien belle contrée que le Béarn, de l'aveu même des étrangers. Il est d'autres pays plus grandioses ; il n'en est pas de plus gracieux ; ou plutôt le Béarn est tout ensemble et gracieux et grandiose. Pour ne parler ici que de l'aspect général de cette petite Province, quelle agréable variétés de hautes montagnes et d'humbles collines, de grandes et de petites vallées, de vastes forêts et de riants bocages, de plaines que couvrent d'abondantes moissons et de côteaux sur lesquels la vigne étale ses pampres vigoureux.

Mais, hâtons-nous de le dire, parmi tous les quartiers de ce charmant Pays, le plus remarquable sans contredit est celui qu'arrose au dessus et vers l'orient de Pau le Gave qui porte le nom de cette ville. Ce quartier, c'est la plaine de Nay : vallée que bordent au sud les premiers gradins, de la chaîne des Pyrénées, qu'animent plus de trente paroisses, et où l'on trouve, dit un voyageur, la « verdure de la Suisse et la chaleur de » l'Italie (1); » délicieux jardin, dont je n'ose pas entreprendre la trop difficile esquisse. D'ailleurs une autre pensée me presse, quand je vous invite, ami lecteur, à marcher un moment sur les traces du

(1) M. de Genoude, *Voyage en Vendée et dans le Midi de la France.*

pélerin qui dirige ses pas vers le fond de la vallée.

Venez donc, et pressons-nous; saluons d'abord en passant ces modestes clochers et ces croix rustiques. Nous sommes déjà aux portes de Nay, l'*Oppidum novum* des anciens, d'après d'Anville, et la cité manufacturière du Béarn. Voilà le château de Coarraze qui abrita la première jeunesse de notre bon Henri. Puis c'est Igon et son beau noviciat de *Sœurs de la Croix*, les chéres institutrices de l'enfance. Enfin, nous traversons Lestelle; Lestelle! nom mystérieux qui peut vous rappeler un des plus beaux titres de la Vierge Marie, l'*étoile du matin*. Et maintenant, voyez-vous au pied de ce tertre arrondi, au centre de ce demi-cirque formé par les montagnes qui se rapprochent tout-à-coup, auprès de la rivière qui ralentit sa marche partout ailleurs tumultueuse et rapide, à côté d'un pont dont la haute arcade, ornée de lierres tombant en chevelures, laisse apercevoir, au-delà, la couronne d'une montagne lointaine; voyez-vous une petite église s'appuyant sur un long défilé ? C'est Bétharram (1).

Bétharram est un lieu de pélerinage consacré, de temps immémorial, par une chapelle de la Sainte-Vierge, et depuis deux siècles environ, par un calvaire en plein air. C'est son privilège, de réunir ces deux touchantes dévotions du Catholicisme, le culte de la Croix et celui de Marie, d'offrir en même temps à l'âme des fidèles les graves pensées du Golgotha, où Jésus-Christ mourut pour le salut du monde, et les doux sentimens que l'on recueille dans une visite, au célèbre sanctuaire de l'Italie, connu sous le nom de Notre-Dame de Lorette.

Or, je ne sais s'il peut y avoir un lieu plus heureusement approprié à cette double dévotion. Il y a ici, dans un petit espace, comme deux natures différentes, l'une à côté de l'autre : l'une qui inspire la joie ; tandis que l'autre invite au recueillement. La chapelle de la Vierge est

(1) A 25 kilomètres Sud-Est de Pau, sur les confins des départemens des hautes et des Basses-Pyrénées.

au bout de cette ravissante avenue que nous venons de suivre, parmi les richesses de la plaine, au bord des eaux qui réfléchissent l'azur des cieux. Le Calvaire, à quelques pas de la Chapelle, s'élève, par des rampes sinueuses, au milieu d'un bois épais et solitaire, et se termine par une plate-forme, d'où l'œil n'aperçoit plus, outre les trois croix de la Passion et le tombeau du Sauveur, que les cîmes abruptes des montagnes environnantes. Ne sont-ce pas là d'admirables convenances ? N'est-ce pas aussi une bien sensible image de la vie chrétienne, si mêlée de consolations et d'amertumes, livrée tour-à-tour et souvent tout à la fois aux gémissemens de la componction et aux tendres émotions de l'espérance ? Nos vieux chroniqueurs, enchantés de ces belles harmonies, ont cru pouvoir attribuer à une sorte de respect religieux le ralentissement subit de la rivière, dès quelle touche le sol de Bétharram. Mais, sans adopter cette explication merveilleuse, dont, au reste, je respecte infiniment le principe, ne puis-je pas au moins trouver ici une nouvelle preuve du tact exquis avec lequel le culte catholique s'empare partout des différens spectacles de la nature ?

II.

Dévotion des Béarnais et des populations voisines pour la Très-Sainte-Vierge.

—

Quoiqu'il en soit, les Béarnais et généralement les divers peuples d'alentour, Basques, Bigourdans et Gascons, tous ont pour Bétharram une affection cordiale. Ils tiennent ce sentiment de leurs ancêtres, et, ne fût-ce que par esprit de tradition, ils le conservent précieusement. Il faut qu'une fois au moins dans la vie tout fervent catholique ait visité ce saint lieu. On en parle avec effusion dans les familles; on se dit les uns aux autres les choses qu'on y entend, les choses qu'on y voit. Avec quel attendrissement ces bonnes âmes ne restent-elles pas agenouillées ou prosternées dans la Chapelle! Avec quelle abondance de larmes ne gravissent-elles pas les sentiers de la montagne, en parcourant les diverses stations du Calvaire!

Mais, oserai-je le dire? Des deux dévotions qui se sont alliées dans ce pélerinage, celle qui se rapporte à la Sainte-Vierge paraît exciter l'intérêt le plus vif. Nos chrétiens disent plutôt : *Notre-Dame de Bétharram* que le *Calvaire de Bétharram*. D'où vient cette prédilection? Ce n'est pas, à Dieu ne plaise! qu'ils méconnaissent la prééminence du culte qui a directement pour objet le Sauveur mourant sur la Croix; ce n'est pas que la Croix ne demeure pour eux le signe du salut, et, comme l'Église le chante, notre *unique espérance*. Serait-ce donc que la Chapelle a été le théâtre de faveurs plus signalées? Je l'ignore; mais ce que je puis dire, c'est que nos peuples ont eu de tous les temps un grand amour pour la Très-Sainte-Vierge.

On dirait que cette dévotion a présidé à l'établissement même du Christianisme dans l'ancienne Novempopulanie, c'est-à-dire, dans tout ce pays que renferment la Garonne, les Pyrénées et l'Océan. Chose remarquable! Sur onze églises cathédrales qui composaient la province ecclésiastique d'Auch, toutes, à l'exception de deux, Lectoure et Bazas, avaient été placées par leurs premiers fondateurs sous l'invocation de la Mère de Dieu. On conçoit aisément que du pied de la chaire épiscopale, comme d'une source abondante et pure, la piété envers cette Reine des Anges devait se répandre dans les églises inférieures et de là dans le cœur de tous les fidèles. Aussi, quand les anciens seigneurs du pays, les ducs de Gascogne, les comtes et les vicomtes leurs vassaux, faisaient quelque fondation religieuse, souvent même quand ils signaient des réglemens civils ou politiques, ils aimaient à déclarer que c'était pour la gloire de Dieu et *l'honneur de leur souveraine et Dame, la Très-Sainte-Vierge* MARIE.

Nos princes Béarnais en particulier cultivèrent cette tendre dévotion avec le plus grand soin. Dans quels intéressants détails on pourrait entrer à ce sujet! Mais bornons-nous à parler ici du plus glorieux d'entre les princes, Gaston IV, l'un des héros de la première croisade. Sa vaillante épée le rend-elle maître de Saragosse, depuis long-temps foulée aux pieds par les disciples de Mahomet? Le premier soin du grand homme est de relever l'antique église de NOTRE-DAME *del Pilar*. Quelque temps après, c'est sous le nom de *Notre-Dame* qu'il fonde avec Talèse, sa pieuse épouse, l'abbaye de Sauvelade, au centre du Béarn.

Et le simple peuple! comment exprimait-il ses sentimens envers Marie? On peut citer un témoignage bien frappant de la dévotion qui l'animait : c'est que dans le Béarn, dans ce tout petit pays, il y avait trois chapelles votives, trois fameux pélerinages en l'honneur de la Sainte-Vierge : Muret, non loin d'Orthez, Sarrance, à l'entrée de la vallée d'Aspe, et Bétharram, dont j'écris l'histoire (1). Quand plus tard, sous le prétexte de réforme, l'hérésie essaya durant le seizième siecle de détruire les pratiques du catholicisme, le peuple se montra toujours fidèle au culte de la Vierge Marie. Et telle est de nos jours encore la force de ce sentiment, que ce qui a détourné plus d'une fois des catholiques, d'ailleurs peu zélés, de céder aux sollicitations si pressantes des protestants modernes, c'est que ceux-ci ne parlent pas de la Sainte-Vierge, *comme il faut*.

Eh! bien, c'est le désir et l'espoir de nourrir dans l'âme de mes frères une dévotion si vieille parmi nous, qui me portent à leur raconter l'histoire du sanctuaire bien-aimé de Bétharram. Oui, je me plais à le croire, leur confiance en Marie, cette douce mère

---

(1) Cette observation se rapporte au temps les plus reculés. Dans la suite, on vit s'élever *Notre-Dame de Piétat*. En dehors du Béarn, mais toujours dans la province d'Auch, on remarque, entre autres célèbres pélerinages, *Notre-Dame de Garaison* et *Notre-Dame de Buglose*. — *Muret* n'existe plus.

de Dieu et des hommes, s'accroîtra par la lecture de ce petit livre, fruit inattendu de recherches entreprises pour ma seule édification.

III.

Justification des Pélerinages.

Mais ici, n'ai-je pas à calmer certains scrupules que cette œuvre pourra soulever? Il y aura peut-être des hommes qui me reprocheront d'encourager les pélerinages et de me rendre ainsi complice des abus dont ils sont l'occasion ou le prétexte.

A ce reproche, opposons d'abord une réponse bien simple : d'après le témoignage incontestable de l'histoire religieuse. Dieu et l'Eglise ont toujours approuvé, béni même les pélerinages entrepris dans de saintes vues. Or, pourrait-on craindre de se conformer à de telles autorités? Allons plus loin toutefois, et sans dérouler toutes les preuves que fournit sur ce point la théologie la plus saine, justifions cette pratique, — au moins dans ce qu'elle a d'essentiel, — par des considérations solides, mais à la portée de tous les esprits (1).

Qu'est-ce qu'un pélérinage? C'est un voyage de piété vers un lieu consacré par quelque monument de la religion et où plus d'une fois on a éprouvé les effets de l'action divine. C'est un voyage qui a pour but, ou de remercier Dieu d'une grâce importante, ou de lui en demander une nouvelle, aux pieds d'un autel dont le seul aspect ranime la foi et l'espérance. Enfin, c'est un voyage ordinairement sanctifié par la confession et la communion, ces deux actes qu'on a toujours regardés avec raison comme l'aliment principal de la ferveur catholique.

Voilà ce qu'est un pélérinage pour le

---

(1) Voyez le discours préliminaire du savant ouvrage intitulé : *Les pélérinages aux Sanctuaires de la Mère de Dieu.* (Lyon, 1840.) Ce discours est une justification complète et sans réplique de la pratique des pélérinages. — Voyez aussi *La Vierge*, par M. l'abbé Orsini, tom. 2, chap. 22.

chrétien instruit et véritablement pieux. Sans doute, et nul de nous ne l'ignore, la puissance et la miséricorde du Très-Haut peuvent éclater sur tous les points de l'univers, et, sous la loi de grâce, on peut l'adorer partout *en esprit et en vérité*. Mais, disait de son temps le grand saint Augustin, en recommandant le fameux pélerinage de saint Félix de Nole, il est de notoriété publique que Dieu fait des miracles dans un lieu plutôt que dans un autre, et c'est témérité que de vouloir en rechercher la cause (1). Si donc les fidèles viennent à connaître un de ces lieux privilégiés, qui s'étonnera de les y voir accourir avec cette simplicité de foi qui certes vaut bien le froid septicisme de l'incrédule ?

En nous plaçant sous un autre point de vue, nous remarquerons que la piété a besoin d'être aidée par les sens, et c'est, entre autres raisons, parce que le culte catholique ne néglige pas d'agir sur les sens de l'homme, qu'il a une valeur plus efficace

---

(1) Epist. 78, ad clerum hypponensem.

que le culte sec et décharné des protestants. Or, quand un catholique, s'éloignant pour un jour de son église, se transporte dans un de ces lieux, où la conviction générale et l'autorité de ses docteurs naturels lui montrent une vertu secrète et divine, il ne saurait en approcher sans éprouver une sensation mystérieuse et profonde. La vue du saint monument l'attendrit; l'assemblée des fidèles lui paraît exhaler un parfum de dévotion qui pénètre son cœur. Dans le lieu vénéré de tous, les pompes de nos cérémonies ont pour lui un éclat nouveau; la parole évangélique a pour son âme plus de force et d'onction; les ministres du sanctuaire semblent avoir acquis à ses yeux un surcroît d'autorité; je dirai presque qu'il voit leur tête couronnée de l'auréole des saints. En un mot, tout le saisit, le transporte et le dispose aux plus sincères efforts pour la pratique de la vertu.

Aussi, ne peut-on pas exprimer tout le bien qui se fait dans les pélerinages, où la sagesse préside aux divers exercices. Que de cœurs y déposent des passions dévorantes! que de consciences y recouvrent une paix qui leur manquait depuis long-temps! que d'autres s'y affermissent pour toujours dans la fidélité au divin maître!

Mais, dit-on, il y a des abus dans ces voyages. — Hélas! l'Église le sait; elle en gémit, et, pour les prévenir, elle impose des règles aussi sévères que prudentes. — Il y a des abus! Mais il y en a partout. Ou plutôt, qu'on y fasse attention, on n'abuse et on ne peut abuser que du bien. Faudra-t-il donc que le bien soit proscrit? — Il y a des abus! ah! disons-le hautement, nous portons le défi qu'on en signale aujourd'hui d'assez nombreux et d'assez graves pour entrer en comparaison avec les avantages que nous avons indiqués.

Et maintenant, m'adressant à diverses classes de lecteurs que je pourrai rencontrer, je dirai aux poètes et aux artistes: oh! ce n'est pas vous qui condamnerez les pélerinages. Car vous sentez ce qu'a si bien dit l'illustre auteur du *Génie du*

Christianisme. « Plus un culte a de ces dé-
» votions populaires, plus il est poétique,
» puisque la poésie se fonde sur les mou-
» vemens de l'âme et les accidens de la na-
» ture, rendus tout mystérieux par l'inter-
» vention des idées religieuses. » (1)

Je dirai, avec le même écrivain, aux philosophes et aux hommes réfléchis : « Il faudrait nous plaindre, si, voulant
» tout soumettre aux règles de la raison,
» nous condamnions avec rigueur ces
» croyances qui aident au peuple à sup-
» porter les chagrins de la vie et qui lui
» enseignent une morale que les meil-
» leures lois ne lui apprendront jamais. »
Combien plus faudrait-il nous plaindre si nous flétrissions une pratique, non-seulement aussi consolante que celle des pélerinages, mais encore aussi conforme *aux règles d'une raison* calme et sans préjugés ?

Je dirai aux protestants, qui se sont élevés les premiers contre les pélerinages : Vous

---

(1) *Génie du Christ.* Liv. 5, ch. 6.

voulez bien, vous autres aussi, que vos fidèles se rendent dans vos temples souvent fort éloignés de leurs demeures. N'est-ce pas là une espèce de pélerinage? Et cependant, d'après vos principes, la Bible est tout pour vous, et par conséquent le temple ne devrait être rien. Vous reconnaissez donc qu'il est des voyages utiles et salutaires? Nous ne disons pas autre chose. Au surplus, nos pélerinages ne sont qu'une extension de notre culte extérieur, de ce culte dont les plus habiles d'entre vous commencent à nous envier la beauté, ainsi que sa profonde harmonie avec les besoins les plus intimes du cœur humain.

Et aux pieux fidèles qui se rendent à Bétharram, à ceux qui, dociles aux conseils de la sagesse, remplis de saintes dispositions, poussés par le seul désir de faire une œuvre de piété, vont offrir leurs vœux et leurs hommages à la Reine du Ciel et de la terre dans son oratoire chéri; à ceux-là, je dirai en empruntant les suaves paroles d'un auteur, contemporain de S.*-François de Sales et disciple de son école littéraire : « Courage, belles âmes, » courage, puisque de là-haut votre sou- » veraine compte tous vos pas à dessein » de reconnaître largement tous les té- » moignages de votre affection. Viendra » le jour qui mettra fin à ces voyages, » lorsque vos pieds seront arrêtés sur la » sainte montagne du Seigneur, et que » vous serez inséparablement à celle que » vous aurez honorée ici-bas selon votre » pouvoir. Mais en attendant cette heu- » reuse saison, employez à son service » toutes les puissances de votre corps et » les forces de votre esprit; car tel est » le bon plaisir de celui pour qui et en » qui vous la devez aimer et honorer. » (1)

Ne craignons donc pas qu'il résulte de cette publication des inconvéniens dont la religion ait à souffrir. Je la confie ingénument à la bénédiction de Dieu, et j'espère qu'elle sera utile à quelques âmes. Peut-être aussi intéressera-t-elle les amis

---

(1) Le P. Poiré. Couronne de la Vierge, tr. iv, ch. 8.

chaque jour plus nombreux de l'histoire particulière du pays. Il est vrai que j'ai voulu faire avant tout un livre édifiant et pieux ; mais la matière elle-même m'a fourni de nombreux détails propres à satisfaire plus ou moins la curiosité des savans.

IV.

Idée générale de cette chronique. Un mot sur les miracles.

—

Cette chronique embrasse deux sujets distincts par leur nature, mais qui se trouvent mêlés dans le récit, à savoir l'histoire des choses et celle des hommes, c'est-à-dire, l'histoire de la chapelle et du Calvaire, et celle d'une pieuse congrégation de prêtres qui se vouèrent au service de ce pélerinage. La seconde partie n'offre rien de fort extraordinaire : c'est, pour ainsi parler, une biographie édifiante semblable à celle de toutes les sociétés de ce genre. Pour ce qui est de l'histoire de la chapelle et du Calvaire, il s'y rattache des faits miraculeux sur lesquels il est à propos de donner au lecteur quelques courtes explications.

Disons d'abord qu'on garde le silence sur la plus grande partie des miracles dont les procès-verbaux les plus authentiques sont parvenus jusqu'à nous. Je rapporte presque uniquement ceux qui se lient à mon sujet d'une manière si étroite, que, sans eux, l'existence même de Bétharram serait inexplicable. Cette observation se présentera plus d'une fois dans le corps de l'ouvrage, et je suis certain que ceux qui, mus d'ailleurs par de bonnes intentions, voudraient que cette histoire fut entièrement dégagée de tout événement surnaturel, seront forcés d'avouer qu'il était impossible de porter la réserve plus loin que je ne l'ai fait.

Convaincu qu'il s'est opéré de nombreux miracles à Bétharram et qu'on ne peut élever à cet égard aucun doute raisonnable, il m'en a coûté beaucoup d'omettre des récits dont la piété de plusieurs se nourrit avec tant de plaisir. Mais il a fallu faire ce sacrifice, non pas à l'esprit du siècle, mais à la nécessité de ne point étendre cet ouvrage au-delà des bornes d'un petit livre.

Qu'on n'attribue donc pas mon silence sur ce point à je ne sais quelle prétendue force d'esprit. Je repousse de toute l'énergie de mon âme une interprétation si contraire à mes véritables sentimens ; et, s'il faut le dire, un pareil soupçon me blesserait à la prunelle de l'œil. Car je le proclame encore : oui, je crois QU'IL S'EST FAIT DE NOMBREUX MIRACLES A BÉTHARRAM.

D'où vient donc, dira quelqu'un, qu'il ne s'en fait plus de nos jours ? — O homme de peu de foi ! pourquoi parlez-vous ainsi ? Croyez-vous donc qu'il y ait une grande philosophie à rejeter des faits anciens parce qu'ils ne se reproduisent pas toujours ? — Qui vous a dit au reste que ce sol vénérable a cessé d'être fécond ? Sachez-le : Bétharram est encore un lieu de prodiges. Un jour viendra peut-être, où l'autorité compétente s'occupera de les constater juridiquement, et j'ose le prédire, ce sera un jour de grande joie et de pieuse admiration pour les enfans de Marie. Un jour peut-être aussi, quelque incrédule, devenu lui-même l'objet d'un de ces effets étonnans de la puissance divine, se verra contraint de reconnaître et de publier que la vertu d'en haut n'a pas déserté ce saint lieu.... On rapporte qu'à l'époque où Bétharram sortait à peine des ruines dans lesquelles les protestans du seizième siècle l'avaient enseveli, lorsque le Calvaire n'était encore qu'une première ébauche de ce qu'il fut dans la suite, un célèbre médecin de Béarn, M. de Gassion, sectateur très-zélé de la prétendue réforme, s'y rendit tout exprès pour tâcher de découvrir quelque trace de superstition qu'il put ensuite reprocher aux catholiques. Mais qu'arriva-t-il ? Le médecin fut si ému de tout ce qui s'offrit à ses regards que, tombant à genoux sur la montagne, il médita lui aussi, il pria comme les catholiques et « loua Dieu de ce qu'il » avait inspiré à ses serviteurs un si » louable et un si pieux dessein. » Marca fut le témoin et il est le garant de ce fait. (1)

O vous qui raillez aujourd'hui la confiance des simples, allez aussi une fois à Bétharram. Visitez-en toutes les particularités ; puis recueillez vos impressions, n'endurcissez pas votre cœur, et peut-être, ô vrai miracle de la grâce ! le ciel et la terre se réjouiront à cette heure-là du retour d'un autre enfant prodigue.

V.

Indication des principales sources de cette histoire.

Avant de terminer cet avant-propos, je crois devoir donner, en faveur des

(1) Traité des merveilles opérées à Bétharram, ch. 9.

personnes instruites, un aperçu rapide sur les matériaux que j'ai mis en œuvre pour la composition de cet ouvrage. Ainsi chacun pourra, s'il en a le désir, remonter aux sources où j'ai puisé; et je serai dispensé de l'obligation de surcharger les bas des pages de citations et de renvois. J'avertis une fois pour toutes, que je ne signalerai ordinairement, dans le cours de l'histoire, que les documens auxquels j'aurai emprunté un passage selon le texte original.

On peut réduire à trois classes les ouvrages que j'ai compulsés : 1.º ceux où, parmi des questions étrangères à notre sujet, se trouvent des renseignemens précieux quoique purement accessoires; 2.º les livres imprimés qui traitent *ex-professo* de la dévotion de Bétharram; 3.º les manuscrits.

I.re CLASSE. — Je citerai entre autres : la *Gallia Christiana*, tome I, Province ecclésiastique d'Auch, et tome VII, Diocèse de Paris; le *Dictionnaire* de Moréry; le *Dictionnaire universel des sciences ecclésiastiques*, par le P. Richard. (Ces trois grands ouvrages m'ont servi beaucoup pour la biographie et la généalogie des personnages dont j'avais à parler); la *Chronique ecclésiastique du diocèse d'Auch*, par Dom Louis-Clément de Brugelles; le *Lys du*

Val de Garaison, par E. Molinier, Tolosain, prêtre et docteur, Tolose, 1630 ; l'*Estat des Eglises cathédrales et collégiales*, par Jean de Bordenave, chanoine de Lascar, in-folio, 1642 ; enfin, l'ouvrage si consciencieux de l'abbé Poeydavant, sous ce titre : *Histoire des troubles survenus en Béarn pendant le 16.e et la moitié du 17.e siècle.* C'est dans ces quatre derniers ouvrages que j'ai pris la plupart des faits généraux qui intéressaient l'histoire particulière de Bétharram. — Il est inutile de signaler d'autres écrits plus répandus que les précédens.

II.e CLASSE. — *La triple couronne de la bienheureuse Vierge, Mère de Dieu*, par le R. P. François POIRÉ, de la compagnie de Jésus, in-4.o, 1630, et in-folio, 1639. La seconde édition est celle dont je me suis servi. Dans cet immense ouvrage sur la dévotion envers la Sainte-Vierge, se trouve un long chapitre (Traité 1, ch. 12) où l'auteur raconte l'histoire de la plupart des pélerinages d'Europe. Bétharram y occupe une assez longue place. Il paraît que le P. Poiré composa sa notice d'après les renseignemens que lui fournit M. de LA VIE, premier Président du Parlement de Navarre, digne magistrat dont j'aurai occasion de parler avec éloges.

2.º *Traité des Merveilles opérées en la chapelle de Notre-Dame du Calvaire de Bétharram*, par P. de MARCA, 2.e édit., 1648. Ce livre n'a pas moins de 350 pages. Neuf chapitres reproduisent et complètent le récit du P. Poiré sur la première origine de Bétharram, sa destruction par les Calvinistes, sa restauration et ses nouveaux développemens jusques vers le milieu du 17.ᵉ siècle. Dans les autres chapitres, au nombre de quatorze, sont relatés de nombreux miracles. Marca raconte beaucoup de choses dont il a été le témoin : on sait d'ailleurs qu'il est un modèle de critique sage et ferme. On conçoit dès-lors que je me sois appuyé avec la plus grande confiance sur son autorité.

3.º *Carmen topographicum et historicum de Virgine Deiparâ, quœ Betharami in Benearniâ colitur*, authore *Petro* BASTIDOEO TAUSIANO, sacerdote ac *Doctore theologo*, imprimé en 1667, mais composé dès l'année 1658. Dans ce remarquable poëme en vers hexamètres, et divisé en 128 strophes de dix vers chacune, il y a quatre parties où P. de Bastide traite successivement de l'origine et des accroissemens de la dévotion, de la description du lieu, des miracles opérés à Bétharram, et enfin des occupations des prêtres de la chapelle et des pélerins. Ce cadre indique assez que l'on y trouve des détails du plus grand intérêt.

4.º *Histoire de la fondation de la chapelle de Notre-Dame de Bétharram, de sa destruction*, etc., par J.-P. TOUTON, chapelain de Bétharram, Tarbes, 1788. C'est dans les quinze premiers chapitres un abrégé de Marca. Le seizième contient la description de la chapelle et du Calvaire. Dans le dix-septième, on donne quelques détails sur le renouvellement de la congrégation de Bétharram vers l'année 1764.

5.º *Le Mont-Valérien, ou Histoire de la Croix, des lieux saints et du calvaire établi au Mont-Valérien, contenant des détails édifians et curieux sur....* l'ancienne *dévotion de Bétharram*, etc., ouvrage approuvé par M.gr l'Archevêque de Paris, 1826, in-18. La partie de cet ouvrage qui se rapporte directement à notre dévotion, n'étant qu'un abrégé du *Traité* de Marca, n'a pu me fournir aucun renseignement nouveau. Mais pour ce qui concerne les relations qui existaient entre Bétharram et le Mont-Valérien, il m'a été d'un très-grand secours. — Il y a un autre livre, intitulé le *Mont-Valérien ou Pélerinage et amitié*, par Max. de M***, 1834, auquel j'ai fait quelques emprunts.

III.ᵉ Classe. — La plupart des manuscrits que j'ai eus entre les mains sont déposés à Pau, aux archives départementales. Outre ce que l'on trouve de relatif à Bétharram dans une foule de livres et de registres tant de l'évêché de Lescar que des diverses administrations civiles, il y a tout un dossier qui ne contient que des titres et d'autres pièces concernant la dévote chapelle. C'est le dossier ou liasse portant le n.º 13. Le nombre des pièces renfermées dans cette liasse s'élève à 75, dont les plus importantes sont : 1.º un *Bref* d'Alexandre VII, en date du 3 décembre 1657, qui confirme les statuts et la congrégation de Bétharram ; 2.º le texte original de ces mêmes *statuts*, avec la propre signature de tous les chapelains alors existans ; 3.º une *ordonnance* de Jean de Salettes, évêque de

Lescar, établissant la congrégation des prêtres de Notre-Dame du Calvaire de Bétharram, 29 juin 1626; 4.º des *lettres patentes* du Roi Louis XIII, approuvant la société et les statuts. La plupart des autres pièces sont des titres de propriété, des actes de donation et des contrats, où l'on trouve avec des dates importantes beaucoup de noms de chapelains, et qui, pour le personnel de la congrégation, m'ont fourni des indications nombreuses. Un autre document d'un grand intérêt, c'est l'*Etat des fondations* de Bétharram, dressé en 1792 par M. Touton, le dernier des chapelains qui fut chassé, par la révolution, de cette sainte solitude. Je suis possesseur de quelques autres manuscrits que je ferai connaître, en en faisant usage dans le cours de la Chronique.

On voit que les secours ne m'ont pas manqué, sans parler de ce que je dois aux communications que des hommes instruits ont bien voulu me faire. C'est par tous ces moyens réunis que je suis parvenu à élever ce petit monument de ma dévotion envers la Très-Sainte-Vierge. Je n'ai pas la prétention de croire qu'il soit digne de cette aimable et tendre Mère ; mais je suis sûr que ce livre ne contient aucun détail de mon invention. Je n'y avance rien d'ailleurs qu'après m'être convaincu, autant que je le pouvais, de l'autorité des témoins qui sont venus tour-à-tour me raconter l'histoire des temps anciens.

Il y a loin, je le sais, de l'esprit de cet ouvrage à celui qui domine dans les productions d'une certaine littérature de nos jours. Mais, pour me servir, en finissant, du langage d'un de mes vieux auteurs : « Je te confesserai franchement,
» Ami Lecteur, que mon inclination est
» trop généreuse, ou si tu veux, trop
» ambitieuse pour prostituer ma plume
» comme ce tas d'escrivailleurs qui ne
» visent pour tout object qu'à contenter
» la curiosité des oyseux et remporter
» un vent d'opinion de ceux qui sont
» aussi peu capables de donner une légi-
» time louange qu'eux dignes de la re-
» cevoir. Et je ne puis voir sans com-
» passion tous ces petits esprits occupés
» avec tant d'empressement à tisser des
» toiles d'araignée qui n'amusent que les
» mouches, en leurs romans et leurs
» amours et niaiseries..... Mais laissons

» faire son cours à la maladie du temps....
» Contentons-nous de témoigner à ceux
» qui connoissent et déplorent cette cor-
» ruption de parler et d'écrire, qui suit
» et fomente celle des mœurs, que, si
» nous ne pouvons remédier à ce désor-
» dre, au moins nous ne l'imiterons pas. »
(Molinier, dans *le Lys du Val de Garaison*, au Lecteur.)

LAUS DEO

VIRGINIQUE MARIÆ.

DÉCLARATION.

En conséquence des décrets de Notre Saint-Père, le Pape Urbain VIII, je proteste que, s'il m'arrive dans le cours de cette histoire de donner la qualification de saint à quelques-uns des personnages dont je parle, je n'emploie ce titre que pour exprimer l'innocence de leur vie et l'excellence de leur vertu, sans préjudice de l'autorité de l'église catholique, à laquelle seule appartient le droit de déclarer les saints. En outre, comme je raconte des faits qui passent la nature et qu'on pourrait regarder comme de vrais miracles, je proteste que mon intention n'est pas de donner ces faits comme approuvés par la sainte Eglise Romaine, mais seulement comme certifiés par des témoignages privés.

CHRONIQUE DE BÉTHARRAM.

CHAPITRE I.er

Du nom et de la première origine de Bétharram. De sa destruction par les Calvinistes.

Il n'est pas sans intérêt de nous arrêter un peu, dès le début, sur le nom même de Bétharram. Les noms propres des lieux célèbres excitent toujours une certaine curiosité, et quelquefois, en effet, ils sont si heureusement choisis, si admirablement expressifs, qu'on y retrouve une espèce d'histoire abrégée des lieux qu'ils désignent.

En est-il de même de celui de Bétharram? Quelle est du moins sa véritable interprétation? Quelques savants ont voulu le déduire de deux mots arabes BEIT HARAM, *demeure sacrée*. D'après eux, Bétharram pourrait être un de ces lieux du Midi de la France, qui portent encore le nom que leur donnèrent les Sarrazins d'Espagne, à l'époque de leurs incursions en-deçà des Pyrénées.

Le docte Marca le fait dériver de la langue Hébraïque, dans laquelle, suivant lui, BETH-ARAM signifie *maison d'éminence* ou *maison du très-haut*, et il donne diverses raisons, plus ou moins mystiques, pour prouver la justesse de cette dénomination. D'autres adoptent la même origine et se fondent sur une conjecture. Ils supposent que le nom de Bétharram, qui est celui d'une vallée et d'une ville situées sur les bords du Jourdain, a été porté dans le Béarn par l'un des Seigneurs qui accompagnèrent Gaston IV à la première Croisade, et que c'est un souvenir du lieu de la Terre-Sainte, qui fut le théâtre d'un brillant fait d'armes de quelque brave Béarnais.

Mais à défaut des langues étrangères, notre gracieux idiome fournit une explication très-satisfaisante, et qui de plus possède l'avantage de se rattacher à une tradition populaire. Les mots béarnais *Beth arram* se traduisent par *beau rameau, belle branche*. Or voici ce qu'on raconte. Il y avait déjà long-temps que la Chapelle existait sous une dénomination que nous ne connaissons plus, lorsqu'une jeune fille tomba non loin de là dans les eaux du Gave. Elle allait se noyer; alors elle s'adressa pleine de confiance à Marie, et aussitôt une branche se trouva sous sa main pour l'aider à regagner le rivage. Par reconnaissance pour la bonne Vierge, qu'elle regarda comme sa libératrice, la jeune fille plaça sur son autel une branche aux feuilles d'or; et de là, le nom de Notre-Dame du *beau rameau*, de Bétharram (1).

C'est tout ce que l'on peut dire de plus probable sur l'origine d'un nom si cher à notre cœur (2).

L'origine du pélerinage est elle-même enveloppée de ténèbres. « Il est arrivé à cette

(1) Cette tradition, rapportée à-peu-près de la même manière dans le poème de Bastide, a été mise en jolis vers Béarnais par un de nos compatriotes, M. Vincent de Bataille, dont la *Société archéologique* de Béziers a couronné la pièce, le 12 mai 1839. Le religieux poète a voulu faire hommage de son succès à la Très-Sainte Vierge, en déposant, au-dessus du maître-autel de la chapelle, le *rameau de laurier en argent*, qui lui avait été décerné.

(2) En bon Béarnais, nous préférons l'étymologie tirée de notre langue maternelle. Ainsi nous écrirons Bétharram et non pas Beth-Aram, comme le fait Marca.

» Chapelle, dit Marca, un accident sembla-
» ble à celui que souffrent les anciens éta-
» blissemens, dont l'origine est presque tou-
» jours incertaine dans les histoires, la vieil-
» lesse qui les recommande leur faisant cette
» douce injure que de faire perdre la mé-
» moire de leur commencement. »

Il est certain toutefois que Bétharram existait dans le quinzième siècle. Marca déclare
même que c'était un lieu déjà célèbre il y a
plus de sept cents ans. Enfin, un de nos manuscrits en fait remonter l'origine jusqu'au
quatrième siècle, ce qui paraît une exagéra-
tion, puisqu'à cette époque le Christianisme
naissait à peine dans nos contrées. Toujours
est-il qu'il faut reconnaître à cette chapelle
une haute antiquité, quoiqu'il soit devenu
impossible d'en constater l'âge réel.

Quant à la manière dont la dévotion commença, l'histoire proprement dite se tait également : mais la légende parle, la légende
qui reproduit les traditions des peuples et qui,
souvent, a remplacé l'histoire avec autant de
succès que d'attrait.

Voici, dans toute sa simplicité, la légende
relative à Bétharram, telle que nous l'ont
conservée les anciens Chroniqueurs :

« En ce temps-là, c'est-à-dire, à une épo-

» que inconnue, mais déjà bien loin de nous,
» quelques petits bergers du village de Les-
» telle, se livraient à leurs jeux enfantins,
» pendant que leurs brebis paissaient tran-
» quillement, et que les agneaux bondissaient
» sur les rochers qui occupaient le bas de la
» montagne, au bord du Gave. Tout-à-coup
» les yeux de ces jeunes enfants furent frap-
» pés de l'éclat d'une vive lumière. Leur pre-
» mière impression fut celle de la frayeur.
» Mais bientôt rassurés par un sentiment in-
» térieur de joie et de confiance, ils s'ap-
» prochèrent et aperçurent avec surprise une
» belle image de la Très-Sainte Vierge. A
» cette vue, ils éprouvèrent des transports
» d'allégresse qu'on ne saurait redire. Ils
» coururent aussitôt au village et racontèrent
» la merveilleuse apparition à tous les habi-
» tants. Ceux-ci se hâtèrent d'aller contem-
» pler le prodige de leurs propres yeux. Le
» prêtre ne tarda pas de les y suivre, revêtu
» des ornemens sacrés, et tous se prosternè-
» rent avec respect devant la miraculeuse
» statue, le visage mouillé de pleurs et le
» cœur pénétré d'une sainte admiration.

» On comprit sans peine qu'il y avait dans
» cette merveille une manifestation des des-
» seins de Dieu pour la gloire de la Sainte-

» Mère de J.-C., et chacun se trouva per-
» suadé que le Ciel voulait qu'un oratoire
» fut construit en ce lieu. Mais comment
» bâtir sur ces âpres rochers? Cela parut à
» ces pauvres gens d'une difficulté insur-
» montable. En conséquence, ce fut de l'au-
» tre côté de la rivière qu'on dressa une
» niche où la Sainte Image fut religieuse-
» ment déposée (1).

» Mais, nouveau miracle! autant de fois
» qu'on voulut l'y loger, autant de fois elle
» s'en retourna toute seule en sa première
» place. On ne put pas même la retenir dans
» l'église paroissiale, d'où elle revint encore
» sur les rochers des bords du Gave. Les ha-
» bitants de Lestelle virent bien que c'était
» l'unique lieu choisi du Ciel; mais ils hési-
» taient toujours, lorsqu'une jeune villa-

(1) Cette niche subsiste encore, au milieu des ronces, vis-à-vis de la Chapelle. Elle est pour ainsi dire incrustée dans le talus du lit de la rivière, et devant elle passe un chemin étroit qui divise ce talus en deux étages. C'est un corps de maçonnerie, ayant une base d'un peu plus de deux mètres de large, un couronnement circulaire et une hauteur totale de près de quatre mètres. L'embrasure de la niche a 71 centimètres de haut, ce qui peut donner une idée de la grandeur de l'image mira-culeuse. La muraille formée de pierres à demi disjointes ne présente aucun caractère particulier; mais comme on trouve le plein-cintre au haut et au fond de la niche,

» geoise, nommée Raymonde, prenant en
» main la cause de la Reine des Vierges,
» éleva la voix au milieu du peuple pour me-
» nacer ses compatriotes de la colère de Dieu,
» s'ils n'obéissaient promptement à des ordres
» intimés d'une manière aussi positive. Elle
» parlait encore, et déjà une grêle affreuse
» tombait sur les moissons. A ce coup, tout
» le monde effrayé demanda grace. On ne
» balança plus, et sans autre retard, on jeta
» les fondemens d'une pauvre petite Cha-
» pelle, à laquelle Raymonde promit avec
» enthousiasme d'heureux accroissemens. »

C'est ainsi que la légende raconte l'origine de Bétharram, et l'histoire ne la contredit pas. Il est bien vrai que l'imagination des hommes aurait pu absolument ajouter à la réalité des faits des détails inexacts qu'il n'y a plus moyen de discerner. Mais serait-ce une raison suffisante pour repousser un récit plein de charmes, qui, d'ailleurs, ne saurait être un mensonge, par cela seul qu'il rapporte

---

et qu'il n'y a aucune trace d'ogive, on pourrait en conclure que ce monument date au moins du douzième siècle. Car on sait qu'à partir de cette époque presque toutes les constructions religieuses se font remarquer pendant près de 400 ans par des arcades ogivales ou en pointe.

des choses extraordinaires? Ces choses-là ne sont-elles pas assez communes dans l'histoire de la Religion? Au reste, nous ne voulons pas garantir la véracité de la légende; mais comme il ne nous suffit pas de goûter dans notre cœur ce qu'elle a de suave, nous ferons à cet égard une observation de quelque importance : c'est que l'emplacement occupé par la Chapelle et la maison de Bétharram semble indiquer, par sa nature même, qu'il n'a dû être choisi que pour des raisons extrêmement graves. Il a fallu briser à grands-frais les rochers de la montagne, qui suivait sa pente jusques sur la rive escarpée du Gave, tandis qu'à une très-petite distance, et en deçà et au-delà, se trouvent deux plateaux assez vastes qu'on devait naturellement préférer. On peut être crédule; mais il est rare que tout un peuple soit inconséquent au point de se condamner, sans motif, à des travaux et à des dépenses aussi considérables.

Quoiqu'il en soit, telle était la tradition que les anciens de Lestelle, qui avaient survécu aux troubles religieux de la fin du seizième siècle, transmettaient à leurs enfants comme un pieux héritage de leurs pères. Ils racontaient aussi que la dévotion de Bétharram avait fait d'âge en âge de très-grands pro-

CHAPITRE I.ᵉʳ

grès. On y accourait en foule de toutes parts. En arrivant à la vue de la chapelle, plusieurs achevaient leur pélerinage à genoux, tenant à la main des torches ardentes. L'autel s'embellissait chaque jour des dons de la piété et de la reconnaissance. Les miracles s'y multipliaient en faveur surtout des malades, et ce qu'il y avait de plus précieux, les pécheurs les plus endurcis s'y convertissaient en grand nombre.

Ah! plut à Dieu, Vierge très-douce, s'écrie ici le poète de Bétharram, le dévot Bastide, plut à Dieu que tous les peuples auxquels votre bonté ouvrait cette source de bonheur, n'eussent jamais cessé de payer tant de bienfaits par de dignes actions de grâces!

Mais déjà vers le milieu du 16.ᵉ siècle, l'esprit d'hérésie, qui depuis vingt-cinq ans agitait l'Europe entière, se signalait en France par sa rage contre le culte de Marie. Le Royaume très-chrétien se vit bientôt couvert de débris des temples, des statues et des autels érigés en l'honneur de la Mère de Dieu. Or personne n'ignore que le Béarn fut une des provinces les plus maltraitées par le fanatisme des protestants. La Reine Jeanne, à qui les souvenirs du peuple n'ont pas encore pardonné sa tyrannie schismatique, même en faveur de sa qualité de mère du bon Henri, la Reine Jeanne fit de nos contrées le principal théâtre de cette agitation religieuse. Elle encouragea les novateurs qui infestaient déjà ses domaines et en appela de nouveaux de Genève et d'ailleurs. En vain, la première assemblée du Béarn protesta-t-elle avec énergie contre toutes les atteintes portées à l'ancienne religion. Jeanne sut remplacer insensiblement les nobles et fidèles Seigneurs qui en étaient membres, par d'autres hommes dévoués à sa secte. Le peuple gémissait aussi : quelquefois même il attestait d'une manière éclatante et dans des occasions solennelles, sa constance dans la foi proscrite par sa souveraine. Mais celle-ci finit par faire prévaloir la crainte et par se sentir assez forte pour prononcer l'abolition du culte catholique dans tout le Pays de Béarn.

On pense bien que, dès le commencement de ces troubles, le pélerinage de Bétharram fut entouré de grands obstacles. La prétendue réforme avait envahi de bonne heure, à la suite des troupes de la Reine Jeanne, la petite ville de Nay, chef-lieu de cette vallée. De là partaient sans cesse des insultes et même des traitemens plus odieux, qui molestaient les catholiques qu'une pieuse inspiration conduisait à la dévote chapelle (1). On ne pouvait plus en approcher qu'avec peine; mais enfin, Bétharram subsistait et le dernier malheur ne lui était pas encore survenu.

Ce fut en 1569, que les enfants de Marie eurent à pleurer sur le dernier outrage fait à leur bonne Mère, et que les habitants de Lestelle perdirent le saint oratoire dont ils étaient glorieux. Une armée Catholique, sous le commandement de Terride, venait de s'emparer du Béarn au nom du roi de France. Par ses soins, l'Eglise commençait à respirer et recouvrait toute son influence sur les esprits, quand le fameux comte de Montgommery, envoyé par la reine Jeanne avec de nombreuses troupes, se précipita le long des Pyrénées, à travers le pays de Foix et la Bigorre, et parut sur les frontières du Béarn. Il y entra par Bétharram. Accoutumés, malgré la rapidité de leur marche, à dévaster les églises qui s'étaient trouvées sur leur passage, les soldats Huguenots ne pouvaient faire grace à la dévote Chapelle. C'était le premier Temple Catholique qui s'offrit à eux dans le pays qu'ils venaient reconquérir, et ce Temple

(1) Ce nom de *Dévote Chapelle*, revient très-fréquemment dans les vieux titres. Aussi, l'emploierons-nous avec plaisir dans le cours de cette histoire.

était consacré à la Sainte Vierge. Double motif pour qu'il devint le premier objet de leur fureur. Bétharram fut donc réduit en cendres par ces impies : « Il n'en demeura, » dit un auteur, que les seules murailles, qui » résistèrent au feu (1). » Le même écrivain nous apprend que la statue miraculeuse fut emportée par un bon Prêtre à Jaca, dans le royaume d'Aragon.

Alors un grand deuil couvrit toute la face du Pays. En peu de temps Montgomméry eut chassé l'armée Catholique, et l'Eglise du Béarn, à son tour, ne présenta plus que des ruines.

(1) Le P. Poiré. Cour. de la Vierge.

CHAPITRE II.

Ce qui se passa à Bétharram pendant le règne du Calvinisme et immédiatement après. — Restauration de la Chapelle. — Projet d'une Congrégation. — Notre-Dame de Garaison.

L'invasion des troupes protestantes dans le Béarn fut suivie de malheurs déplorables qu'il ne nous appartient pas de détailler. Nous n'avons pas non plus à décrire les mouvemens qui agitèrent la France dans les dernières années du 16.e siècle. On sait comment Henri IV fut ramené à la religion catholique, et combien furent sincères, quoique lents et mesurés, les efforts qu'il fit, après sa conversion, pour appaiser les discordes religieuses. Le protestantisme demeura puissant encore dans le Béarn; mais au moins les catholiques jouissaient déjà de quelque liberté, et deux grands prélats, Arnaud de Maytie, élevé sur le siège d'Oloron, en 1599, et Jean-Pierre d'Abbadie, évêque de Lescar, en 1600, purent travailler avec zèle, dès le commencement du dix-septième siècle, à réparer les maux immenses que l'hérésie avait faits dans nos belles contrées (1).

Cependant la chapelle de Bétharram restait ensevelie sous ses ruines. Les vrais fidèles en éprouvaient un vif regret; mais des récits touchants venaient les consoler de temps à autre. « Ils apprenaient des habitans de Les-
» telle et des autres villages voisins que les
» masures de la chapelle n'étaient pas aban-
» données du témoignage extérieur que Dieu
» rendait qu'il se plaisait d'être honoré en ce

---

(1) On nous saura gré de rapporter ici le naïf éloge que Bordenave fait de ces deux prélats : « Ceux qui ont conversé, dit-il, avec l'Evesque d'Oloron, sçavent quelle estoit la soupplesse de son esprit, combien riches et heureuses les inventions qu'il avoit pour son clergé, et avec quelle promptitude, diligence et hardiesse il les faisoit réussir et exécuter. De mesme, l'Evesque de Lascar ressemblait un ancien Patriarche, et ceux qui l'ont entendu parler en public, qui l'ont veu en chaire et ont eu cette grace d'oüir couler de sa bouche la parolle de Dieu, rendront ce tesmoignage à la vérité qu'ils n'ont jamais ouy parler avec plus d'esloquence, de gravité, de zèle ny d'intelligence des mystères de salut, qu'à luy. C'était un vieillard vénérable qui paistrissoit la manne de ses instructions avec un tel assaisonnement que les auditeurs n'en avoient jamais avec redondance, jamais avec disette, tous avec suffisance, contentement et utilité. » *Estat des Egl. Cathédr.* page 840.

» lieu. » (1) On leur racontait « qu'on y
» voyait ordinairement dans la nuit de gran-
» des lumières et clartés au dedans, comme
» s'il y eût eu plusieurs lampes et flambeaux
» allumés, et qu'on y entendait des voix et
» des concerts harmonieux. » (2) De ces récits et autres semblables, les catholiques ti-
raient l'heureux présage que le culte de la
Vierge-Mère serait un jour rétabli dans ce
saint lieu, et que la dévotion de Bétharram
se relèverait prochainement plus belle et plus
brillante que jamais.

C'était surtout aux habitants de Lestelle
que ces merveilles procuraient d'ineffables
espérances. Ils puisèrent, dans cette marque
non équivoque de l'affection de Marie pour
le territoire qu'ils lui avaient consacré, un
courage qui les rendit inébranlables dans
leur foi et inaccessibles à toutes les séductions
ainsi qu'à toutes les menaces des hérétiques.
Aussi « leur paroisse fut-elle l'unique qui se
» maintint en la religion catholique, pendant
» tous les troubles et divisions du Béarn, sans
» que jamais aucun s'y soit fait huguenot,
» nonobstant les persécutions qu'ils eurent à

(1) Marca. *Merv.* de *Béthar.* Chap. 4.
(2) Le P. Poiré. *Cour. de la Vierge.*

» souffrir en bon nombre à cet effet, l'espace
» de cinquante ans et plus; la Sainte Vierge
» tenant la main à la conservation de ses dé-
» vots paroissiens. » (1) C'est le témoignage
que leur rendait un homme contemporain et
d'ailleurs en position de bien connaître les
faits de ce genre, M. de La Vie, premier
Président du Parlement de Navarre.

Après la cessation de la guerre civile, ces
fervens Chrétiens eurent une autre preuve
bien sensible de l'amour que leur portait la
Sainte-Vierge. Une épidémie affligeait leur
village, en 1610, et elle choisissait la plupart
de ses victimes parmi les enfants. Une pauvre
mère, à qui la mort n'en avait laissé que trois,
tristes débris d'une nombreuse famille, se vit
encore menacée de les perdre après tous les
autres. Dans sa douleur, elle fit vœu de les
porter aux masures de la Chapelle, et d'y passer une nuit en prières. Elle accomplit ce
vœu, et peu de jours après, ses enfants avaient
recouvré une santé parfaite.

Mais, à quelque temps de là, l'un de ces
mêmes enfants fut atteint d'une autre maladie qui le privait de l'usage de tous ses membres. La pieuse mère renouvela son vœu.
Elle alla prier avec ferveur sur les saintes

(1) Le P. Poiré. *Cour. de la Vierge.*

CHAPITRE II.

ruines; puis elle lava les membres contournés du petit infirme, dans l'eau de la fontaine qui coule sous la chapelle, et « son fils marcha » droit et ferme, comme s'il n'eut jamais eu » d'incommodité. » Ainsi parle Marca.

Le bruit de ces miracles se répandait partout, à la confusion de l'hérésie et pour la plus grande joie des Catholiques. Tout semblait annoncer, avec une évidence qui croissait chaque jour, la nouvelle gloire de Bétharram. Déjà, depuis les premiers jours de ce siècle, la foi Catholique reprenait elle-même un ascendant progressif et sensible. Dans l'année 1609, après la mort de J.-P. d'Abbadie, Henri IV lui avait donné pour successeur, sur le siége de Lescar, l'un des évêques les plus distingués de son temps, un homme que sa science et ses grandes qualités rendaient très-propre à cicatriser les plaies de l'Eglise de Béarn. C'était Jean de Salettes, l'ami et le secrétaire du célèbre cardinal Du Perron.

La Providence réservait à ce prélat le bonheur de rendre à Bétharram son ancien lustre, et même de lui donner un développement qu'il n'avait jamais eu. En 1614, pendant que Jean de Salettes faisait la visite de l'Eglise de Nay, il donna commission à David

Béquel, curé de cette ville, d'aller examiner le lieu dont on racontait des choses si étonnantes, et de voir s'il serait possible d'y rétablir la Chapelle et l'antique Dévotion. Béquel eut à faire un rapport si avantageux, et sur l'état des choses et sur les dispositions des fidèles du voisinage, que le prélat se sentit animé de la plus vive ardeur pour l'exécution de son dessein.

Mais il se présentait une difficulté fort grave. Les édits royaux, concernant l'exercice de la religion en Béarn, avaient limité le nombre des Temples que les deux communions pouvaient posséder dans toute l'étendue du Pays, et le Conseil-souverain de Pau, alors exclusivement composé de Protestants ne se montrait pas facile à laisser enfreindre ces réglemens en faveur des Catholiques. Or la Chapelle de Bétharram n'était pas du nombre des églises déterminées par les édits. M. de Salettes prit alors le parti de recourir au Roi lui-même. Louis XIII occupait le trône en ce moment. L'histoire a remarqué que ce Prince se plaisait à seconder les efforts du vertueux Evêque de Lescar, dont la demande, en cette circonstance, était merveilleusement appuyée par la dévotion bien connue du fils d'Henri IV pour la Très-Sainte

Vierge. La Cour envoya sur-le-champ des lettres-patentes, autorisant la réédification de la *dévote Chapelle;* et, par un bonheur inespéré, le Conseil-souverain enregistra cette ordonnance, sans y former la moindre opposition.

Aussitôt, les habitans de Lestelle se mirent à réparer les masures de leur saint oratoire. Cependant ils ne purent pas encore lui donner toute la beauté qu'il devait avoir un jour. « Ils le rendirent plus propre à représenter » la bassesse d'une crêche de Bethléem que » les ornemens d'une Basilique. » Cette réflexion est encore du pieux et savant Marca.

Tout cela se passait en 1614. Mais ce premier succès ne suffisait pas à la sollicitude pastorale de Jean de Salettes. Une sorte d'inspiration lui montrait dans l'avenir des résultats plus complets et plus nombreux. Bétharram lui paraissait destiné à devenir pour son diocèse et pour tous les pays voisins un centre de lumières et de graces, d'où la gloire de Dieu et le bien des âmes devaient se répandre abondamment. Il eut alors la pensée d'y former une congrégation de prêtres, comme celle qui, depuis dix ans, dirigeait de la manière la plus édifiante le pélerinage de Notre-Dame de Garaison.

La Chapelle de Notre-Dame de Garaison,

ou *guérison*, est située dans la vallée de Magnoac, sur le territoire de Montléon, paroisse dépendante aujourd'hui du diocèse de Tarbes, et qui, avant la révolution, faisait partie de celui d'Auch. Cette Chapelle, bâtie vers l'an 1500, à la suite d'une triple révélation dont avait été favorisée une vierge chrétienne, ayant nom Angelèze, était devenue un lieu de dévotion très-fréquenté. Plus tard, on y accourut avec moins d'ardeur, par la faute des curés de Montléon et par la négligence de ses administrateurs laïques. Vinrent ensuite les guerres civiles qui en hâtèrent la décadence. Mais à l'époque de restauration religieuse, qui suivit le retour d'Henri IV au sein de l'Eglise, le Ciel suscita un homme généreux, qui entreprit de replacer Garaison au rang des plus célèbres pélerinages.

Pierre Geoffroy (1), administrateur des affaires temporelles de l'archevêché d'Auch, parcourant la vallée de Magnoac, « remar- » qua, dit un ancien auteur, ce lieu séparé » de toute conversation des hommes, autres » que ceux que la dévotion y pouvait appe- » ler, éloigné des villes, affranchi du tumul- » te, jouissant d'un grand silence, d'une pro-

---

(1) Né à Lorme, diocèse d'Autun, en Bourgogne.

» fonde paix.... Le vallon, où la Chapelle
» est assise comme un hermitage enfoncé
» dans le désert et présente aux yeux une
» autre solitude dans la solitude même, lui
» sembla comme un séjour choisi de Dieu
» pour y faire sentir sa présence aux âmes
» les moins touchées du sentiment des choses
» divines (1). » Mais quand il vit l'état d'a-
bandon dans lequel se trouvait un lieu si favorable à la piété, il fut ému jusqu'au fond
de l'âme et saisi tout-à-coup d'un mouvement
extraordinaire, il fit vœu de se consacrer au
service de cette Chapelle.

Ne le suivons pas dans toutes les démarches que ce vœu lui imposa : il suffit que l'on
sache qu'après bien des contre-temps, il fut
pourvu de la cure de Montléon, en 1604, et
qu'alors, encouragé par l'archevêque d'Auch,
il mit tous ses soins à relever le pélerinage,
s'appliquant avant tout à supprimer les abus
que le malheur des temps y avait introduits.
Il s'y forma presque aussitôt une communauté
de prêtres dont Geoffroy lui-même fut le supérieur; des bâtimens spacieux s'élevèrent
pour le logement des pélerins; la Chapelle
devint une belle église, où les Saints Offices

---

(1) Molinier : *Le Lys du Val de Garaison*. Liv. 1,
ch. 16.

furent célébrés avec beaucoup de pompe. « Le peuple y vint en foule, non seulement
» trois ou quatre fois l'année, comme aupa-
» ravant, mais tous les mois et tous les jours,
» y trouvant à toute heure le service, la mu-
» sique, les confessions, les communions et
» l'hospitalité. » Redire maintenant les fruits de grace que les âmes allaient recueillir dans ce vallon solitaire, c'est ce qui ne nous est point possible, parce que cela n'est connu que de Dieu seul (1).

Le bruit des succès obtenus à Garaison était arrivé jusqu'à Lescar, et y avait excité une sainte émulation dans le cœur de M. de Sa-

---

(1) Molinier, *ibid*. Le récit que nous venons de faire rectifie les erreurs qui se sont glissées dans d'autres ouvrages, tels que la *Gallia Christiana*, le *Mont Valérien*, et quelques biographies au mot *Charpentier*. La Chronique, où nous avons puisé, mérite plus de confiance que tous les autres écrits, parce que composée en 1630, elle fut publiée par Geoffroy lui-même. — Ajoutons ici que nous n'avons pas cru faire une digression inutile en parlant si longuement de Garaison. On va voir que cette Dévotion a, pour ainsi dire, acquis des droits de mère sur celle de Bétharram. De nos jours, il y a eu réciprocité : quand Mgr l'Evêque de Tarbes releva la maison de Garaison, en 1835, c'est à Bétharram que vinrent se former les premiers Missionnaires appelés à la desservir. Les destinées de ces deux établissemens sont inséparables : on peut donc confondre leur histoire.

lettes. Quelle joie pour lui s'il pouvait avoir un établissement semblable dans son diocèse! Il espéra que les chapelains de Garaison n'hésiteraient pas à lui venir en aide dans ce but. Mais il désirait surtout de pouvoir attirer à Bétharram le premier coopérateur de Pierre Geoffroy, ou plutôt le véritable organisateur de son œuvre.

Cet homme de bien s'appelait Hubert Charpentier. Nous devons donner ici quelques détails sur sa vie, parce qu'il doit être longtemps le principal personnage de notre Chronique.

Maître Hubert Charpentier était né de parens honnêtes, dans la Brie, à Coulommiers, diocèse de Meaux, le 3 novembre 1565. Après une enfance des plus pieuses, il embrassa l'état ecclésiastique et devint licencié de la maison de Sorbonne. Les guerres de la Ligue l'ayant contraint de s'éloigner de la capitale, il se retira dans nos provinces du Midi, d'abord à Bordeaux, où il enseigna la philosophie pendant plusieurs années, puis à S.¹-Sever, où il fut chargé de la direction du collége. Il essuya dans cette dernière ville une grave maladie, durant laquelle il fit un vœu à Notre-Dame de Garaison. Ce fut alors, qu'entrant dans les vues du vénérable archevêque d'Auch,

Léonard de Trappes, dont il avait déjà fixé l'attention à Bordeaux, il se joignit à Pierre Geoffroy, et devint l'âme de la belle œuvre de Garaison. Il eût en effet une si grande part au succès de cette œuvre, que plusieurs écrivains et son épitaphe même le qualifient du titre de restaurateur de ce saint pélerinage. Ce qu'il y a d'incontestable, c'est qu'il donna, dans tout le cours de sa vie, des preuves étonnantes d'aptitude et de zèle pour former des établissemens de ce genre.

Indépendamment de ce mérite que l'évêque de Lescar lui connaissait, Hubert Charpentier en avait un autre qui pouvait le rendre extrêmement utile à l'Église encore affligée du Béarn : il était excellent missionnaire; sa parole était d'une efficacité admirable pour la conversion des pécheurs, et tout le diocèse d'Auch en avait ressenti la puissance. Or, le Béarn avait alors un grand besoin d'hommes apostoliques, en état de résister aux ministres protestants, d'autant plus acharnés contre la vraie foi qu'ils se sentaient plus près du jour où leurs victimes allaient être arrachées à l'erreur. Il est vrai que les Jésuites et les Barnabites faisaient déjà de toutes parts de nombreuses conquêtes sur l'hérésie. Mais il y avait place encore pour de nouveaux ouvriers dans le champ du Seignenr. Et puis n'était-il pas permis de penser que le nom seul de missionnaires de Bétharram exercerait un saint prestige sur le cœur d'un peuple accoutumé de tout temps à vénérer cette bénite Chapelle, et maintenant si heureux de l'avoir vue renaître de ses cendres?

Tous ces motifs engagèrent M. de Salettes à solliciter le concours des prêtres de Garaison, et particulièrement celui de Charpentier. Ce fut le bon curé de Nay qu'il chargea du soin d'aller leur adresser ses instances. Nul n'était plus propre que Béquel à remplir les vues de son évêque. Non-seulement il aimait Bétharram de tout son cœur, mais il connaissait depuis long-temps les chapelains de Garaison et jouissait de leur estime. Aussi accueillirent-ils sa demande avec le plus grand plaisir, et promirent-ils aussitôt d'envoyer une petite colonie en Béarn. Mais les troubles qui survinrent au commencement de 1615 retardèrent l'exécution de leur promesse.

Au retour de la paix, Béquel leur écrivit dans les termes les plus pressants pour aiguillonner de nouveau leur zèle, et sa prière fut appuyée, au nom de M. de Salettes absent, par Gratien de Cablane, qui, en sa qualité de vicaire-général, leur donna toutes les autorisations nécessaires.

Mais depuis les premières démarches, il était arrivé un changement qui dût vivement contrarier l'évêque de Lescar : Charpentier n'était plus à Garaison. Cédant aux sollicitations des magistrats de Bordeaux, il venait de se rendre dans cette ville pour y travailler au soin des pauvres et des malades du grand hôpital. On ne laissa pas néanmoins d'essayer sans lui l'œuvre projetée de Bétharram. Il fut convenu que quelques prêtres de Garaison s'y rendraient incessamment, et Pierre Geoffroy se mit en personne à la tête de la touchante expédition que les Béarnais attendaient avec la plus vive impatience.

CHAPITRE III.

Belle cérémonie faite à Bétharram, par les prêtres de Garaison, sous la protection du Seigneur de Coarraze. — Premiers chapelains. — Donation qui leur est faite par la commune de Lestelle.

—

Maître Geoffroy partit de Garaison avec six prêtres et la musique de sa chapelle. Quand il fut arrivé à Tarbes, ses amis lui conseillèrent de renoncer à son projet. On lui représenta qu'il s'exposait à de grands périls, parce que les arrêts du Conseil-souverain de Pau interdisaient, sous des peines sévères, à tous prêtres étrangers, l'exercice public des fonctions sacerdotales sur les terres du Béarn. Le parti Calviniste, lui disait-on, était d'autant plus à craindre, qu'il avait en main toute la puissance civile et disposait encore des forces militaires du pays. Mais ces remontrances furent inutiles, dit Marca (1), et « les

(1) *Tr. des Merv. de Bétharr.* Ch. 4.

» terreurs non plus que les menaces des pru-
» dens n'empêchèrent pas l'œuvre de Dieu.
» Au contraire il fallait que les obstacles ren-
» dissent plus glorieuses les prémices du
» rétablissement de la Sainte Chapelle. »

Cependant les généreux Missionnaires ne voulurent pas négliger les mesures de prudence qui se présentaient, pour ainsi dire, d'elles-mêmes. Tout confiants qu'ils étaient dans la protection Divine, ils ne refusèrent pas l'appui d'un des grands de la terre, qui d'ailleurs pouvait, par sa présence et son concours, donner à leur entreprise un éclat, dont il était utile de frapper les yeux du peuple dans cette solennelle occasion.

C'est à Coarraze qu'ils trouvèrent cet imposant appui.

Le château de Coarraze, qui domine si magnifiquement la plaine de Nay, fut toujours une des plus nobles seigneuries du Béarn. C'était, dès l'origine, une des douze Baronies. Mais depuis près de deux siècles, sa gloire avait été singulièrement rehaussée, lorsqu'un des membres de la maison souveraine des Foix-Grailly en était devenu le Seigneur. Plus tard, à l'avènement de la maison d'Albret, Coarraze devint l'apanage d'une des branches de la nouvelle dynastie, des Albrets, barons de Miossens; en sorte que cette châtellenie jouissait d'un caractère presque royal de distinction et de grandeur.

Au reste, les vertus personnelles de tous les Miossens, qui s'étaient succédé dans la seigneurie de Coarraze, suffisaient pour concilier le respect à cette illustre famille. On connaît les grandes qualités de Suzanne, qui fut gouvernante d'Henri IV. Son fils, Henri d'Albret, administra le Béarn dans des temps orageux (1575) avec une sagesse et une modération parfaites. Toujours dévoués à leurs souverains qui étaient aussi leurs parens, les Miossens se montrèrent d'une inflexible fidélité à leur Dieu, et on ne les vit jamais se rendre coupables de la défection qui entraîna tant de seigneurs de cette malheureuse époque. Suzanne, quoiqu'en contact continuel avec les précepteurs Calvinistes qu'on avait donnés à son auguste élève, ne laissa pas de professer toujours la foi catholique. Son époux et son fils furent, en tout temps, de zélés défenseurs des droits et de la liberté de l'Eglise; et il semble que le Ciel ait voulu récompenser l'inviolable constance de cette famille, en lui accordant la satisfaction de voir célébrer sous ses yeux, dans l'église de Coarraze, en 1600, la première messe qui fut dite en Béarn, après la restauration du culte catholique.

Telle avait été la conduite des Seigneurs de Coarraze. Celui qui possédait ce château au moment de l'arrivée des prêtres de Garaison était digne de ses ancêtres. Comme plusieurs d'entr'eux, il portait le beau nom d'Henri. Son épouse, Anne de Gondrin, fille du fameux Antoine-Arnaud de Pardailhan, qui fit constamment à ses frais la guerre aux Huguenots, jusqu'à l'abjuration d'Henri IV, était elle-même une ardente catholique, toujours prête à favoriser, autant qu'elle le pouvait, le triomphe de la vraie religion.

Ainsi disposés, Henri et Anne de Miossens ne devaient pas manquer de s'intéresser à l'œuvre de Bétharram. Ils promirent à Béquel de protéger les prêtres courageux qui venaient s'occuper de cette belle œuvre.

Geoffroy et ses compagnons se rendirent donc avec confiance au Château de Coarraze, et ils y furent reçus avec autant de joie que de respect. Le lendemain matin, le Baron les accompagna lui-même à Nay, où les Jurats Catholiques leur firent le plus touchant accueil.

Il restait encore dans cette ville un grand nombre de protestants; l'église paroissiale était entre leurs mains, et les catholiques se voyaient réduits à célébrer les divins mystères dans une cabane. Cela n'arrêta point les prêtres de Garaison, hommes de foi et vrais ministres du Dieu né dans une crêche. L'un d'entr'eux dit la messe, au milieu d'une foule nombreuse, dont la piété suppléait à l'indigence de la maison du Seigneur. Beaucoup d'assistants communièrent, et tous furent vivement émus par une prédication pathétique.

Il fut résolu qu'on ne perdrait pas de temps ; dans cette même matinée, en effet, on se mit en marche, d'assez bonne heure, vers la Dévote Chapelle. La procession se composait à son départ de deux mille personnes. A cette vue, les sectaires frémissant de rage, voulurent se procurer une légère consolation, en forçant les catholiques à tenir cachés les ornemens du culte, et à porter la croix baissée jusqu'aux portes de la ville. Mais dans les champs, la marche, devenue libre, fut vraiment triomphale. L'air retentit d'une harmonieuse musique et de chants sacrés. A Coarraze, le Seigneur et la Dame de Miossens se joignirent à la procession avec la Noblesse de leur suite et les catholiques du village. Les paroisses de Bénéjacq et de Montaut vinrent ensuite : ce fut un spectacle ravissant ! Jadis on faisait de pareilles cérémonies à l'honneur des Empereurs Romains, et c'est de là que l'Eglise a

pris l'usage de ses processions, pour honorer la majesté du Roi des Rois. Mais « il semblait
» particulièrement, dit Marca, que celle-ci,
» qui fut entreprise depuis Nay jusqu'à Bé-
» tharram, fût destinée pour servir de pompe
» au triomphe que remportait pour lors, sur
» la nouvelle secte, l'honneur que les catho-
» liques allaient rendre publiquement à la
» Vierge, en un petit lieu pauvrement bâti,
» d'où cet exercice de piété avait été banni
» depuis quarante-six années » (1).

Cependant la foule avançait en ordre, le long de la rive droite du Gave (2) et grossissait toujours par l'arrivée de nouveaux catholiques. Enfin on se trouva vis-à-vis de la Chapelle. Au moment où on passait le pont, une scène magnifique se déroula sur la rive opposée. La montagne, nommée aujourd'hui le Calvaire, était couverte d'une multitude immense. Asson, Bruges, Igon, toutes les populations d'alentour avaient accouru pour voir les messagers de Dieu et prendre part à la solennité. Ce fut alors que les acclamations de joie qui montèrent au ciel et les larmes abon-

---

(1) *Tr. des Merv. de Bétharram*, Ch. 4.

(2) La route actuelle, de Coarraze à Lestelle, longe la rive gauche du Gave; mais cette belle route n'existe que depuis le dernier siècle.

dantes qui coulèrent de tous les yeux, attestèrent hautement le tendre amour que les Béarnais n'avaient pas cessé de conserver pour la Vierge Marie, malgré les violences et les blasphêmes des hérétiques (1).

On comptait environ cinq mille personnes. Le très-petit nombre put entrer dans l'étroite chapelle, où Geoffroy chanta la messe; les autres restèrent sous le ciel. Ce fut aussi sous le ciel et dans la place publique de Lestelle, qu'on prêcha un beau sermon analogue à la circonstance. Après quoi, chacun rentra dans ses foyers, emportant au fond de son cœur les heureuses impressions de cette fête à jamais mémorable.

C'est ainsi que le service divin fut rétabli à Bétharram, après de longues années de deuil. Le mérite de cette restauration appartient sans doute à plusieurs éminens per-

(1) En parlant de cette grande affluence de catholiques sur un point du Béarn aussi écarté que l'est Bétharram, nous relèverons une erreur peu honorable pour nos ancêtres. On croit et on dit quelquefois que presque tous les Béarnais étaient devenus huguenots, sous la Reine Jeanne. C'est le contraire qui est la vérité, à tel point que, dans une supplique présentée à Louis XIII en 1617, les Evêques de Lescar et d'Oloron ne craignaient pas d'avancer que sur *trente hommes les vingt-neuf* étaient catholiques. Voy. Bordenave, *Etat des Egl. Cathédr.* page 842. Les courtisans et les fonctionnaires avaient presque seuls obéi à la Reine.

sonnages et au bon peuple qui les seconda. Mais la reconnaissance ne nous permet pas d'oublier la part que les prêtres de Garaison prirent à cette sainte et difficile entreprise. Voici ce que dit le savant Marca, dont on aime toujours à recueillir les sages paroles; celles-ci sont d'ailleurs très-propres à bien expliquer les rapports mutuels des deux établissemens : « La chapelle de Garaison, dit-
» il, a témoigné par son secours, sa piété
» envers Dieu et la Vierge, et pourrait avoir
» acquis sur Bétharram la dignité d'Eglise-
» Mère, si l'antiquité de celle-ci ne l'exemp-
» tait d'être tenue pour une colonie, et si le
» zèle commun pour la gloire du Maître n'ô-
» tait la pensée de ces jalousies à des âmes
» bien nées et formées dans la charité. »

Il ne paraît pas cependant que Geoffroy ait laissé à Bétharram au-delà d'un seul prêtre de sa Congrégation, si même c'était un de ses confrères que maître Jean Richard, qu'un manuscrit béarnais de l'année suivante appelle *lou gran Capéra*, le grand Chapelain de Bétharram. A Richard s'associa le bon David Béquel, qui se démit de la cure de Nay. Nous trouvons dans les Mémoires un troisième membre de cette communauté naissante, du nom d'Antoine Béquel, qui était, suivant toutes les apparences, frère du précédent.

CHAPITRE III.

Ces zélés Ecclésiastiques eurent à souffrir, dans leur début, de grandes privations ; ils manquèrent souvent des choses les plus nécessaires à la vie. Pas de logement : ils devaient habiter dans les villages voisins. Nul revenu ecclésiastique : les biens du clergé, usurpés dans le temps de la reine Jeanne, étaient encore tout entiers au pouvoir de la la Réforme ; et les Evêques béarnais étaient eux-mêmes si pauvres, que la simplicité obligée de leur train pastoral leur faisait donner par les Huguenots le titre méprisant, ou plutôt, le titre véritablement glorieux de *Chapelains du Béarn.* D'un autre côté, la charité publique était une bien faible ressource dans un temps où les grandes fortunes étaient généralement le partage plus ou moins légitime des sectaires, et dans un pays si long-temps ravagé par la guerre civile.

Mais la Sainte-Vierge ne laissa pas de veiller sur ceux qui s'étaient dévoués à son service avec une générosité sans bornes. Il y eut des âmes compatissantes qui, par amour pour Marie et sa sainte Chapelle, vinrent au secours des prêtres de Bétharram. Au premier rang des bienfaiteurs de cette époque, il faut encore signaler le baron et la dame de Miossens. Celle-ci leur faisait passer des vivres et pourvoyait à leur logement : ensuite, elle y ajouta des fonds pour faire la voûte de la Chapelle et construire une cellule sous le nom de Ste-Anne, sa patronne. Quant au Baron, il avait accepté, c'est tout dire, le titre de *Protecteur* de la Chapelle et des prêtres de Bétharram.

Nous lui voyons prendre ce titre dans un acte fort intéressant de cette même époque. C'est une donation faite au sieur Richard, grand chapelain, par la commune de Lestelle. Les habitans y font cession pure, simple et irrévocable, à la Chapelle de Bétharram, d'un certain *morceau de terre*. Il faut voir dans le contrat l'indication des limites de ce domaine transféré à Richard, *pour qu'il y fasse bâtir un Ermitage et élever les bâtimens qui seront nécessaires pour la demeurance et habitation d'icelui et des autres prêtres qui serviront ladite Chapelle.* Ce morceau de terre est renfermé entre la voie publique d'une part, et de l'autre, une ligne tirée à douze pas en avant de la Chapelle, depuis la roche percée, allant de roc en roc et de pic en pic, jusqu'à une dernière roche près du *Turouncoulet*, le tout au-dessus et le long de ladite Chapelle (1). C'est-à-dire, qu'on cède

(1) .... An feït dounatiou.... d'un tros de terre, la prenen despuix lou daban de ladite capère, entro a

CHAPITRE III.

des pointes de rochers aux pauvres prêtres. Leur œuvre sera fondée là-dessus ; l'exécution doit en être difficile sous ce rapport, comme elle l'est déjà sous tous les autres. Mais aussi elle n'en sera que plus solide.

De son côté, le sieur Richard s'engage, pour lui et pour tous ses successeurs, à se tenir en résidence *dans ladite Chapelle, pour y administrer les Saints Sacremens et y faire ou faire faire par d'autres le Divinal Office.*

Cet acte est le premier titre de propriété de la Congrégation de Bétharram. Ainsi que nous l'avons dit, il désigne le seigneur de Coarraze comme le protecteur de la Chapelle. Outre sa signature, il porte encore celle d'Apollo d'Albret, son fils, et celles de deux seigneurs voisins, Bordes et Saint-Abit.

Mais les prêtres de Bétharram ne se trouvèrent pas en mesure de mettre à profit la donation des habitans de Lestelle, en cons-

---

doutze pas aü dessus la roque apérade houradade et de la tiran à dues cannes près lou cantou d'eu cam deu Chigué et déqui en daban tiran à la roque apérade las penotes de debat, et de la tiran, ligne baten, à la roque apérade las penotes de dessus, et déqui en aban tiran de roque en roque entro à vint pas de la luadère près lou turouncoulet, lou tout sus lou haüt et loung de la dite Chapelle. *Manuscrit*, 19 août 1616. *Arch. départ.* liasse 13.

truisant une maison quelconque pour leur demeure. Ils continuèrent donc à vivre encore sans un abri qui leur appartint, comme sans une subsistance assurée. Heureusement que leur courage était sans cesse ranimé par la vue de tout ce que Dieu faisait de merveilleux dans leur Chapelle. Car Bétharram reprit aussitôt la réputation de sa sainteté. « Le » flambeau de la dévotion que l'hérésie y » avait éteint, dit le P. Poiré, s'y ralluma » plus ardent et lumineux qu'auparavant, et » les fontaines de graces qui y avaient été » taries commencèrent à découler plus abon- » damment qu'elles n'avaient jamais fait. » On ne parla plus, pour ainsi dire, que des miracles qui s'y opéraient tous les jours.

CHAPITRE IV.

Léonard de Trappes, archevêque d'Auch, vient visiter la chapelle de Bétharram. — Miracle opéré sur une croix que ce Prélat avait plantée.

Dans le cours de l'année 1616, quelques mois après la cérémonie dont il a été parlé au chapitre précédent, les Catholiques furent appelés à jouir d'une autre solennité plus frappante encore que la première, à cause de la présence d'un saint Archevêque, le Métropolitain même de la Province.

L'Eglise d'Auch était gouvernée, depuis le commencement du dix-septième siècle, par Léonard de Trappes (1), prélat d'une sagesse et d'un zèle admirables, qui eut le bonheur de réparer les maux excessifs qu'avait causés

(1) Né à Nevers, long-temps administrateur du diocèse d'Auch, nommé archevêque de cette ville en 1597, sacré en 1600, mort en odeur de sainteté le 29 octobre 1629.

le défaut de résidence de ses prédécesseurs, pendant près de cent ans. Ce fut lui qui attira Charpentier dans son diocèse, et nous croyons qu'il s'agit de Garaison lorsque les biographes nous parlent de l'établissement « d'une congrégation de savants et saints » Ecclésiastiques, qui, par leurs prédications » et leurs catéchismes, réveillèrent dans les » esprits les sentimens presque éteints de la » religion (1). » Il est au moins hors de doute qu'il eut toujours pour cette maison une prédilection marquée. Il y faisait de fréquentes visites; il donna son nom à la Confrérie qu'on y érigea et composa des méditations pieuses à son usage. Il voulut même y avoir une petite chambre pour sa retraite; en un mot, dit l'historien de Garaison, les « actions de ce prélat témoigneront à jamais » que, parmi le soin général de son diocèse, » la culture particulière du beau lys de cette » vallée n'a pas eu la moindre part (2). »

Avec de telles dispositions, Léonard de Trappes aurait-il pu ne pas aimer aussi cette autre fleur de Marie, qui venait d'éclore sous

---

(1) *Dict. des scienc. ecclésiast.* — *Gall. Christ.* Dioc. d'Auch.

(2) Molinier : *Le Lys du val de Garaison.*

le soleil de Béarn? N'étaient-ce pas ses prêtres qui l'avaient fait sortir n'aguère du sein des épines, et n'était-ce pas l'esprit de leur zèle qui en hâtait le développement? D'ailleurs Bétharram dépendait de la province d'Auch, et Léonard devait lui porter, à ce seul titre, l'intérêt d'un bon Métropolitain.

Mais il ne se borna pas à une stérile affection; il résolut de venir en personne reconnaître et visiter ce saint lieu. C'était, dit Marca, « l'attente d'une chapelle plutôt » qu'une chapelle. » Léonard voulut contribuer à sa décoration, et comme on n'avait pas recouvré l'Image miraculeuse, il forma le dessein d'y placer sur l'autel une autre jolie statue de la Vierge-Mère. Offerte par un saint Evêque, cette statue pourra remplacer, jusqu'à un certain point, celle qu'un miracle avait fait découvrir. Car si, d'après l'Evangile, il y a une vertu secrète attachée à la simple salutation d'un homme de Dieu, que sera-ce des dons que sa main aura bénis?

La pieuse colonie qui, l'année précédente, avait rétabli le culte divin à Bétharram, était partie de Garaison. Ce fut de là aussi que le bon Archevêque s'achemina vers le Béarn. Il se mit en route dans le mois de juillet, et il arriva au monastère de Saint-Pé, sur les frontières de la Bigorre, avec une suite nombreuse d'ecclésiastiques, outre les gens de sa maison (1).

Il n'était plus qu'à une petite lieue de Bétharram. Pendant qu'il délibérait sur la manière dont il devait faire son entrée en Béarn et effectuer sa visite, il fut encouragé, par l'arrivée de deux Catholiques Béarnais, à la faire avec la plus grande solennité possible. Vigier, seigneur de Saint-Abit, et le Sieur de Navéra, vinrent le complimenter de la part de leurs frères de Nay et le supplier de vouloir bien honorer leur ville de sa présence.

Léonard ordonna une magnifique procession. Les religieux de l'abbaye se joignirent au Clergé nombreux qu'il avait amené. Déjà toute la Noblesse Catholique du pays, et dans le nombre se faisait distinguer le jeune Pierre de Marca, toute la Noblesse, dis-je, avait accouru, ainsi que plus de six mille personnes

(1) L'abbaye de S.ᵗ-Pé de Génères (*S. Petri Generensis*) fut fondée au commencement du xi.ᵉ siècle, par Sance iv, duc de Gascogne. L'an 1096, eût lieu la dédicace de son Eglise, en présence d'un grand nombre d'Evêques et de Seigneurs. Du temps de Léonard de Trappes, elle avait pour abbé commendataire Arnaud de Maytie, évêque d'Oloron. C'est dans ses murs que se trouve aujourd'hui l'excellent petit-séminaire du diocèse de Tarbes.

des paroisses circonvoisines, rangées en ordre sous leurs croix et leurs bannières respectives. Il n'y manquait que le vénérable Évêque de Lescar, qui se trouvait alors auprès du Roi, pour défendre les intérêts toujours chancelants de son Église.

La route de Saint-Pé à Bétharram se dirige en grande partie dans une gorge assez étroite. Qu'il était beau d'entendre, au milieu de ces montagnes, les accords d'une bonne musique et le chant des cantiques populaires en l'honneur de la Mère de Dieu ! Mais rien n'excitait l'enthousiasme, comme de voir le saint Archevêque, revêtu de ses ornemens pontificaux, marcher à pied, comme les autres, malgré la longueur et la difficulté du chemin.

Arrivé à la Chapelle, Léonard y célébra les Saints Mystères avec la plus grande pompe et avec les mouvemens les plus sensibles d'une « incroyable dévotion (1). » Oh ! il est aisé de comprendre qu'une âme tendre, comme la sienne, devait éprouver d'admirables transports de joie, à la vue de cette multitude fidèle, si heureuse à son tour de voir Bétharram glorifié par la visite d'un si grand Prélat.

(1) Le P. Poiré. *Cour. de la Vierge.*

Il plaça sur l'autel la statue qu'il avait apportée. Ensuite, considérant que ces chrétiens, à peine échappés des mains de l'hérésie, étaient semblables à des néophites, il leur fit adresser, en sa présence, de pieuses et solides instructions sur les vérités attaquées par la prétendue réforme. Le ciel bénit visiblement ces allocutions. Car Mademoiselle d'Abbadie, du village de Montaut, fit, ce jour-là même, l'abjuration publique du Calvinisme, dont elle reconnut la fausseté.

Mais il fallait que la Religion prît une possession plus authentique de ce saint lieu. C'est une institution des premiers âges que les Eglises et les oratoires soient consacrés au service de Dieu par la plantation de la Croix, cet étendard sacré du culte Catholique. Suivant cette coutume, Léonard de Trappes fit planter une grande croix de bois sur la croupe du mont, qui s'élève au-dessus de la Chapelle. Il ne prévoyait pas sans doute les suites de cette cérémonie : il ne pensait qu'à obéir à une tradition ancienne, et il cédait, en effet, à une inspiration d'en haut. La Providence avait ses vues.

Sur l'invitation réitérée des Catholiques de Nay, l'Archevêque se rendit ensuite dans cette ville. Une pauvre femme venait de mourir :

Léonard voulut honorer ses obsèques, en y assistant avec sa musique et son Clergé. Le lendemain, il fit une procession dans la ville, administra le sacrement de Confirmation, et reçut, dans le sein de la véritable Eglise, huit personnes qui renoncèrent au protestantisme. Enfin, il retourna glorieusement dans son diocèse, faisant toujours porter devant lui sa croix archiépiscopale, sans que les hérétiques osassent même murmurer, en face des manifestations d'allégresse que sa vertu, aussi bien que sa dignité, provoquait de la part de tout le peuple.

Cette visite, comme on le pense bien, produisit le plus grand effet dans le Béarn. Quant au pieux Archevêque, il en conserva toute sa vie un doux souvenir, et à l'heure de sa mort, il légua une lampe d'argent à la dévote Chapelle, avec des fonds pour l'entretenir nuit et jour.

Ne différons pas de raconter un événement miraculeux, qui suivit de près le voyage de l'archevêque d'Auch.

Dans le mois de septembre de cette même année 1616, cinq villageois de Montaut, bourgade située vis-à-vis de Bétharram, de l'autre côté du Gave, prenaient leur frugale réfection, assis sur un tertre opposé à la montagne qui domine la Chapelle. C'était au milieu du jour ; le ciel était serein, l'air était calme, et l'horizon n'annonçait aucun orage.

Tout-à-coup, ils entendent comme un bruit de tempête du côté de Bétharram. Ils regardent : ô douleur ! ils voient tomber, sous l'effort d'un vent impétueux, la croix récemment plantée par l'archevêque d'Auch. Mais bientôt le tourbillon cesse. Alors la croix se relève d'elle-même. Une éclatante lumière l'environne, et à son faîte se dessine une couronne resplendissante qui éblouit les regards de nos cinq villageois. Ils courent, ils volent, le cœur épanoui ; ils vont admirer la merveille de plus près, et quand ils en ont joui, ils se hâtent dans l'absence des prêtres qui étaient alors en mission, d'aller annoncer ce qu'ils viennent de voir aux fidèles des environs.

Ce miracle fit grand bruit aussitôt en Béarn : les sectaires eux-mêmes n'osèrent pas le révoquer en doute. Les populations voisines s'en tinrent si assurées, qu'elles s'empressèrent de témoigner leur joie par des processions qui les amenèrent, les jours suivants, sur le lieu où il s'était accompli. Cinq ans plus tard, il fut procédé par les délégués de l'Evêque, en présence des Jurats de Lestelle, à une enquête juridique, et l'application des règles si sévères, que l'Eglise prescrit pour constater les vrais miracles, ne fit que donner à celui-ci l'authenticité la plus incontestable (1).

Quelles pouvaient être les vues de Dieu, en opérant un pareil prodige? Nous verrons plus tard qu'on peut y rattacher l'admirable extension qui était réservée, pour un avenir prochain, à l'œuvre de Bétharram. Mais on peut aussi s'élever plus haut, sans danger pour la foi. Ecoutons à ce propos l'auteur de l'histoire du Mont-Valérien.

« S'il est permis, dit-il, de mêler les con-

(1) Voyez dans Marca, *Tr. des merveill. opér. à Bétharram*, chap. VI, les résultats de l'information qui fut faite par les soins de Charpentier, et les réflexions qu'y mêle en jurisconsulte habile notre grand historien. Ce chapitre ne laisse rien à désirer même aux esprits les moins prévenus en faveur des miracles. Nous y ajouterons une observation qui se tire de la personne même de Marca. Cet illustre écrivain n'a pas balancé à consigner le miracle de la Croix de Bétharram dans un livre éminemment populaire. Donc, disons-nous, le miracle est vrai. Pourquoi? parce que dans le rang élevé qu'il occupait, Marca, l'un des premiers magistrats du Parlement, se devait à lui-même de ne parler qu'avec la plus grande circonspection. De plus, comment aurait-il osé raconter un fait controuvé, dont les protestants, qui étaient là avec leur jalousie de secte, auraient pu facilement constater l'imposture? Avouons que le témoignage d'un tel homme, dans de telles circonstances, est à lui seul une preuve très-forte.

» jectures et les discours de la sagesse hu-
» maine avec les conseils et les ordres de la
» Providence divine, quand elle se produit
» au-dehors, on pourra regarder ce prodige
» comme un présage du rétablissement de la
» Religion Catholique dans le Béarn, expia-
» tion dont le terme approchait et qui reçut
» son accomplissement quatre ans après. Cet
» impétueux tourbillon, qui avait abattu la
» croix en un instant, représentait sans doute
» l'affreuse persécution excitée par la secte
» des religionnaires, qui désola le Béarn,
» l'extinction de la Religion Catholique et
» l'honneur de la Croix méconnu dans toute
» la province; comme le prompt relèvement
» de ce signe vénéré signifiait le rétablisse-
» ment prochain de la même religion. Enfin
» la foi, triomphant alors de ses plus fiers
» ennemis, rappelait naturellement et d'une
» manière bien éclatante cette couronne de
» lumière qui ceignit la croix miraculeuse. »

Ces conjectures ne sont pas seulement pieuses : il semble que l'histoire générale du Béarn se plaise à les justifier. En effet, neuf mois après le miracle de la Croix de Bétharram, c'est-à-dire, le 25 juin 1617, le Roi Louis XIII rendit son célèbre Edit de Fontainebleau pour l'entier rétablissement de la

Religion Catholique en Béarn. D'après cet édit, le Clergé devait recouvrer les biens, les titres et les honneurs dont il avait été dépouillé par la Reine Jeanne. Le Roi voulait en outre que le culte catholique fut *rétabli en* TOUTES *les villes, bourgs, villages et autres lieux de son dit pays de Béarn.* En un mot, l'ordonnance avait été portée dans des vues pleinement réparatrices, et Sa Majesté s'y montrait décidée à hâter la restauration complète de l'ancienne religion.

Les Calvinistes ne laissaient pas d'être fort ménagés dans l'Edit. Non seulement, on leur maintenait le libre exercice de leur religion, mais encore le Roi se chargeait, sur le plus liquide de ses revenus, de *l'entretènement*, ce sont les termes de l'Edit, *des ministres, colléges, professeurs, régens, écoliers pauvres, de leurs gages, pensions et autres charges.* Cette générosité ne put néanmoins les satisfaire. C'est qu'ils voyaient bien, qu'en rentrant en possession de ses biens et de ses prérogatives, le Clergé acquerrait une force nouvelle, et c'est ce qu'ils ne purent voir sans effroi.

La secte s'opposa donc, autant qu'il lui fut possible, à l'Edit de Fontainebleau. Durant plus de trois années, rien ne fut épargné par elle, ni les voyages, ni les assemblées, ni l'intrigue, ni même la sédition. Mais, à la fin, Louis XIII irrité de toutes ces résistances, résolut de venir lui-même presser et assurer l'éxécution de ses ordres. On sait qu'effectivement ce jeune monarque, surmontant une multitude d'obstacles, se rendit à Pau dans le mois de septembre 1620, qu'il obtint en cinq jours ce qu'on avait refusé à plusieurs années de négociations, et que, par les établissemens divers dont il dota le Béarn, il y fonda une paix si solide, qu'elle n'a plus été troublée que dans de rares circonstances et par de légers incidens.

Ainsi se consomma l'œuvre de réparation commencée par Henri IV. Ainsi se releva plus brillante que jamais la religion des ancêtres, comme s'était relevée, au sein de la lumière, la Croix de Bétharram, un instant renversée par un souffle impétueux. Il y a quelquefois, dans l'histoire des peuples, certains momens solennels, où la Providence, préparant quelque révolution importante dans les conseils de sa profonde sagesse, annonce son intervention prochaine, par des signes éclatants de cette même puissance qui va changer l'ordre des choses. Ce magnifique point de vue est-il trop relevé pour le miracle qui a été rapporté plus haut? Nous ne le croyons pas, et nous disons avec confiance : de même que la destruction de Bétharram avait été le premier signal de la ruine du Catholicisme dans nos contrées, ainsi Dieu voulut qu'à Bétharram brillât d'abord l'aurore du grand jour, qui devait éclairer le triomphe de la Foi véritable.

CHAPITRE V.

Arrivée de Charpentier à Bétharram. — Une congrégation se forme. — Etablissement du Calvaire. — Travaux qu'on exécute.

—

Le zèle de Jean de Salettes, évêque de Lescar, avait puissamment contribué au rétablissement définitif de l'Eglise Catholique en Béarn. Que de démarches, que de fatigues et de soins n'avait-il pas dû s'imposer, de concert avec son digne collègue d'Oloron, Arnaud de Maytie ! Aussitôt qu'il vit les intérêts généraux de son diocèse assurés selon ses vœux, il reporta sa pensée et son activité sur la dévotion de Bétharram. Depuis cinq ans que la Chapelle était relevée, c'était pour lui un sujet de grande consolation parmi ses immenses travaux, que d'apprendre avec quelle ardeur les peuples y accouraient, et quels prodiges de puissance et de grace le Seigneur y opérait sans cesse. Mais une chose y manquait pour l'entier accomplissement de ses désirs : Charpentier n'était pas encore venu cultiver cette terre.

Le serviteur de Dieu était toujours à Bordeaux, exerçant son infatigable charité dans l'hospice de cette ville. Quand il reçut les nouvelles instances de l'évêque de Lescar, il sentit redoubler en son cœur le tendre amour qui l'attachait aux pauvres. Il hésita; mais enfin, cédant à une bienheureuse inspiration, il promit de se rendre à Bétharram, sans oublier Bordeaux, la ville de ses bonnes œuvres.

Ce n'était pas non plus sans quelque défiance du succès, que Charpentier venait se vouer à une entreprise presque entièrement dépourvue de ressources humaines. Dieu permettait sans doute cette préoccupation dans une âme naturellement si forte, pour qu'elle reconnût mieux ensuite l'impression du Saint-Esprit et l'intervention de la grace d'en haut. Du reste, il ne fallut pas longtemps au bon prêtre pour que la défiance fit place au courage le plus généreux. Dès qu'il fut arrivé, il examina le site de Bétharram avec ce coup-d'œil des Saints, qu'on peut appeler surnaturel, avec cette pénétration toute mystique, qui n'est rien autre chose que le génie des couvenances religieuses, et il fut frappé des avantages que ce lieu offrait à la piété. Puis il étudia et approfondit l'histoire des miracles opérés dans la Chapelle; il fit à ce sujet des enquêtes nombreuses et détaillées : alors il ne douta plus que Bétharram ne fut un des sanctuaires les plus chers à Marie, une terre favorisée des plus pures bénédictions du Ciel.

Dès ce moment, sa résolution fut arrêtée : il consacra son cœur et sa personne à la dévote Chapelle, espérant que bientôt il se verrait entouré d'hommes de dévoûment et de courage. Ainsi entrait-il de plus en plus dans les vues de l'évêque de Lescar, qui désirait, comme nous l'avons dit, une congrégation de prêtres.

L'association est une idée éminemment chrétienne. Conçue dans le cœur de Jésus, et divinement exprimée par lui, quand, à la veille de sa mort, il demanda que ses disciples ne fussent qu'un, comme son Père et lui ne sont qu'un, cette idée a constamment fructifié au sein de l'Eglise Catholique. C'est par elle que les premiers Chrétiens ne faisaient qu'un cœur et qu'une âme, et elle aspire encore à faire de tous les hommes une seule famille. C'est sous son empire que se formèrent les ordres religieux, et que, dans tous les siècles, les plus nobles âmes se rapprochèrent pour confondre leurs pensées, leurs affections et leurs efforts, bien convaincues que, dans cette communauté intime, se trouvait non-seulement la source d'ineffables consolations pour elles-mêmes, mais encore le principe d'une force surhumaine pour le bien de leurs semblables.

Mais à aucune époque, l'esprit d'association ne fut plus fécond peut-être qu'au commencement du dix-septième siècle, au moins dans le royaume de France. Il est vrai qu'on ne vit pas naître alors de ces sociétés puissantes qu'avait produites la foi plus vigoureuse des âges antérieurs. Mais combien de congrégations nouvelles, depuis l'Oratoire aux savants hommes et S.ᵗ-Sulpice, asyle des jeunes clercs, jusqu'aux Filles de la Charité et aux Frères des écoles chrétiennes! C'était un temps de renouvellement social : toutes les provinces se trouvèrent couvertes de mille sociétés régulières, comme au printemps un parterre s'émaille de fleurs diverses; et c'est, en grande partie, cette ferveur pour la vie commune, qui explique l'admirable éclat que jeta le siècle de Louis XIV, sous le point de vue religieux et moral.

Le Béarn était appelé à jouir de la même

faveur que les autres provinces. Une congrégation allait se former à Bétharram. Sans doute il n'était pas dans sa destinée qu'elle devînt jamais extrêmement nombreuse ; il suffisait aux desseins de Dieu qu'elle fut un centre où les prêtres et les fidèles pussent se réunir par le lien des affiliations et des confréries. C'est aussi ce qui aura lieu.

Outre les prêtres attachés déjà au service de la Chapelle, Hubert Charpentier trouva quelques autres ecclésiastiques disposés à s'unir à lui. Après de longues prières et une mûre délibération, ils résolurent ensemble de s'attacher à Bétharram par une résidence perpétuelle. Certes, il fallait une bien grande confiance dans la protection de la Sainte Vierge, pour prendre un parti aussi peu conforme aux règles de la prudence humaine. En effet, la Chapelle n'était rien moins qu'un opulent bénéfice : elle n'était riche que de bénédictions célestes, et les biens de la terre y étaient inconnus. Où donc étaient les ressources de la petite congrégation ? Elles étaient toutes dans la générosité de ses membres et dans le sein de la divine Providence.

A l'exemple de Charpentier, plusieurs de ses confrères se dépouillèrent de tout ce qu'ils possédaient ici-bas. Ce furent là les premiers fonds de l'œuvre; la charité publique devait faire le reste.

C'est dans l'année 1621, que la congrégation de Bétharram fut établie, et, dès cette même année, les prêtres commencèrent leurs travaux. Ils ne craignirent pas d'entreprendre à la fois la construction d'une maison de résidence pour eux et d'hospitalité pour les pélerins, l'agrandissement de la Chapelle et l'acquisition d'ornemens convenables pour les cérémonies religieuses. On vit alors d'une manière sensible que le Seigneur a des trésors ouverts en faveur du désintéressement. Bientôt l'oratoire put déployer une certaine pompe dans ses grands jours de fête, les hermitages se multiplièrent, et à la place des rochers, réduits en poussière ou convertis en utiles matériaux, s'éleva derrière la Chapelle un édifice simple et modeste, mais suffisamment spacieux. On dut principalement aux libéralités de la ville de Bordeaux les vases sacrés et les autres objets nécessaires au culte divin.

Dans le cours de l'année suivante, 1622, un événement en apparence fort petit, mais du nombre de ceux où une âme candide ne rougit pas de voir une attention divine, vint encourager au milieu de leurs travaux les pieux serviteurs de Marie. On était au mois d'août : la source d'eau vive, qui coule du rocher sur lequel repose le maître-autel, menaçait de se tarir. En vain, pendant deux jours, essaya-t-on de recueillir et de ramener les eaux : elles ne coulaient plus que goutte à goutte. Mais voilà que la veille de l'Assomption, au lever du soleil, elles revinrent d'elles-mêmes et sortirent de nouveau à plein canal (1). On puisa dans cet événement les plus douces espérances qui furent confirmés, le lendemain même, par un concours extraordinaire de pélerins. Le cœur de l'homme est ainsi fait : sans être superstitieux, on accepte volontiers tout augure favorable, et n'y a-t-il pas en effet bien souvent, dans les circonstances les plus simples, un à-propos qui semble tout providentiel ?

Nous assistons, enfin, au progrès si longtemps désiré pour notre chère dévotion. Elle prend son essor ; suivons-la dans son vol rapide.

---

(1) Cette eau passe maintenant sous la route royale, qui longe la Chapelle ; elle jaillit au bord du Gave. Beaucoup de fidèles vont y laver leurs yeux malades avec une grande confiance. C'est dans cette même eau qu'avait été lavé le petit infirme, dont il est parlé au Chapitre II.

CHAPITRE V.

Une pensée nouvelle, qui donna naissance à un projet nouveau, se fixa tout-à-coup dans l'esprit de Charpentier. On voyait affluer, à Bétharram, une multitude toujours croissante de fidèles, attirés par les saints appâts de la Mère de toutes graces. Dans le nombre, il y avait bien des pécheurs qui venaient recouvrer l'innocence de l'âme, là où d'autres obtenaient miraculeusement la santé du corps. Des conversions fréquentes consolaient les prêtres de la Chapelle, hommes vraiment apostoliques, pour qui rien n'était aussi précieux que la sanctification des âmes.

Plus touché que personne de ces faveurs divines, le zélé supérieur se demanda si l'on ne pourrait point seconder le travail de la grace par quelque moyen extérieur, propre à faire naître l'esprit de componction. Ce fut alors que, réfléchissant sur cette belle page de l'Evangile où Jésus-Christ nous est montré donnant, du haut de la Croix, Marie pour mère à tous les hommes, dans la personne de saint Jean, Charpentier reconnut qu'il existe une admirable concordance entre le culte sublime de la Passion du Sauveur et la dévotion envers la Sainte Vierge. De là, l'idée encore un peu confuse d'établir à Bétharram quelques exercices en l'honneur de la Croix. Cette idée ne manqua pas de se fortifier par le souvenir du miracle, qui avait suivi le voyage de l'Archevêque d'Auch. Bientôt le lieu même, où s'était opéré ce miracle, lui parut consacré d'avance, par le Ciel, à la nouvelle dévotion qu'il méditait dans son cœur. N'était-il pas naturel que la Croix fut honorée sur la montagne, où récemment encore elle avait été environnée de tant d'éclat ?

Une heureuse inspiration en attire ordinairement une autre. C'est ainsi qu'après avoir adopté le dessein d'établir quelques exercices religieux en dehors de la Chapelle, Charpentier et ses confrères furent insensiblement amenés à la conception la plus ingénieuse et la plus pieuse tout ensemble. Ils résolurent de faire placer de distance en distance, dans de petits oratoires disposés sur les flancs et au sommet de la montagne, des représentations vives et sensibles des principaux mystères de la Passion du Sauveur! D'après ce plan, le pélerin devait trouver, le long d'un sentier qui monterait en serpentant jusqu'au point le plus élevé, les scènes préliminaires du crucifiment de Jésus-Christ, et sur la plateforme, qui couronne la montagne, apparaîtraient d'un côté la Croix, et de l'autre le Tombeau du Sauveur. Quelles heureuses impressions ne pouvait-on pas retirer de la vue de tous ces pieux objets! (1)

Un autre avantage de cette institution, c'est qu'on suppléait de la sorte à ces voyages de Terre-Sainte qui, dans les beaux siècles de l'Eglise, avaient tant d'attraits pour la foi de nos pères. Jérusalem se trouvait en quelque manière transportée parmi nous. Aussi ne balançait-on pas à donner le nom de CALVAIRE au mont que devaient couvrir les diverses stations de ce que, dans le langage chrétien, nous appelons la *voie douloureuse*.

On prétend d'ailleurs, que Bétharram ressemble beaucoup, par la configuration du sol et l'exposition de ses différents sites, aux alentours de Jérusalem, et surtout à la partie occidentale où l'on voit le torrent de Cédron, la vallée de Josaphat et la montagne des Oliviers. Seulement, la nature a ici de plus vastes proportions, sans être néanmoins aussi grave

---

(1) Cette idée n'était pas entièrement nouvelle. Il y avait en Europe d'autres lieux consacrés à honorer la Passion, par des chapelles et des tableaux qui rappelaient l'histoire des souffrances de notre Sauveur. Tel était, par exemple, au pied des Alpes, entre Novare et Verceil, le mont Varallo, où saint Charles Borromée contracta la maladie dont il mourut.

et aussi solennelle qu'aux environs de la Ville-Sainte. La montagne de Bétharram est plus haute que celle des Oliviers; la vallée est plus large que celle de Josaphat, et le Gave roule dans son lit des flots plus abondants que le Cédron très-souvent desséché.

Quoiqu'il en soit, les Chapelains entrèrent avec joie dans les vues de leur supérieur. En conséquence, le jour du Vendredi-Saint de l'année 1623, ils plantèrent solennellement une croix au haut de la montagne. Dans le mois de Septembre de cette même année, on y fit la première procession avec les pélerins et l'on eut encore à bénir le Ciel qui suspendit un grand orage, tandis qu'on était occupé à cette cérémonie.

Quelque-temps après, Charpentier passait par Mont-de-Marsan, où il alla visiter les religieuses de Ste-Claire, qui possédaient dans cette ville un monastère fort ancien. Pendant qu'il s'entretenait des choses de Dieu avec la Supérieure, alors âgée d'environ 45 ans, celle-ci lui dit : « Mon père, j'étais fort jeune, lorsque j'entrai comme novice dans ce couvent : il y avait alors ici une religieuse âgée de plus de quatre-vingts ans et qui était née assez près de Lestelle. Je me souviens de l'avoir entendue très-souvent nous parler de la

Dévotion de Bétharram et des miracles qui s'y faisaient avant l'introduction de l'hérésie en Béarn. Je me rappelle aussi qu'elle nous disait que cette Chapelle et les alentours étaient appelés la *Terre-Sainte*. »

A ce mot de Terre-Sainte, Charpentier fut touché jusqu'au fond de l'âme. L'établissement d'un Calvaire lui parut de plus en plus l'œuvre d'une inspiration divine, et il redoubla d'ardeur pour en presser l'exécution. Dieu témoigna de son côté combien le dessein lui était agréable; car le concours des pélerins augmenta tout aussitôt, les charités devinrent plus abondantes et les miracles plus nombreux. Et non-seulement les fidèles du pays, mais d'illustres personnages, le Roi, la Reine et les Princes voulurent contribuer de leurs dons à la construction des chapelles et des cellules. Ainsi l'œuvre put avancer d'année en année avec un succès qui surpassa toutes les espérances. Les travaux entrepris par Charpentier, n'atteignirent, à la vérité, leur dernière perfection qu'au commencement du siècle suivant. Mais déjà, au bout d'une quinzaine d'années, on avait obtenu d'étonnants résultats, et le Père Poiré pouvait dire : « Ce
» Calvaire est tellement orné et si vénérable,
» qu'il ne se peut rien voir de plus beau, ni

» si rempli de consolation ; et n'y a cœur,
» pour endurci qu'il soit qui ne se sente ému
» à l'aspect d'un objet si plein de dévotion. »
Peu après, Marca disait aussi : « L'expérience
» seule de ceux qui fréquentent ce saint lieu
» peut concevoir mieux que la plume ne
» peut expliquer, les douceurs que la grace
» de Dieu y fait goûter aux Pélerins. » (1)

« Il fait encore beau voir, ajoutait l'auteur
» de la Triple Couronne, il fait beau voir un
» grand nombre d'hermitages, qui sont par-
» semés sur les rochers de ladite montagne
» pour servir de retraite, tant aux pélerins
» qu'à ceux de la maison, qui veulent vaquer
» aux exercices spirituels. » Ces hermitages
isolés formèrent plus tard, avec les oratoires
du Calvaire, une espèce de hameau autour
de la Chapelle. On aurait dit une de ces
Laures si célèbres dans l'ancienne Eglise
orientale (2). Le poète Bastide nous a con-

---

(1) Dès l'an 1639, la Chapelle du haut du Calvaire ayant été achevée, c'est là surtout qu'on aimait à entendre les confessions. Excellente idée ! Il était difficile qu'après avoir parcouru les stations, on n'eût pas le cœur brisé de repentir. D'ailleurs le calme du lieu favorisait le recueillement.

(2) La *Laure*, dit Fleury, *hist. eccl.* liv. 28 n.° 37, était un ensemble de cellules éloignées les unes des autres ;

servé le nom de quelques-unes des cellules de Bétharram. Au nord de la Chapelle se trouvaient les hermitages de S.ᵗ-Etienne et de S.ᵗ-François-d'Assise, avec celui de S.ᵗᵉ-Anne, bâti par Madame de Miossens. Au midi, il y en avait trois autres, celui de S.ᵗ-François-de-Paule, affectionné plus particulièrement par les pélerins, à cause de sa position élevée, celui de S.ᵗ-Cyprien que le poète préférait pour son compte, puis celui de S.ᵗ-Bernard, que Poyanne avait fait construire, et où l'on s'était efforcé de représenter, par la peinture, l'histoire si touchante de ce Docteur. Enfin, sur le rocher le plus haut, s'élevait l'hermitage de S.ᵗ-Antoine, et, contre les murs de la Chapelle, on voyait la cellule de S.ᵗ-Joseph, cellule qui avait été la première construction des Bétharramistes, qui fut quelque-temps leur unique demeure et le lieu ordinaire de leurs délibérations.

le monastère était au milieu. Les cellules étaient pour les moines les plus avancés dans la perfection. Ils y demeuraient seuls depuis le lundi jusqu'au vendredi.... Voyez aussi le *Diction.* de Trévoux, art. *Laure.*

CHAPITRE VI.

Ordonnance de l'Evêque de Lescar pour instituer la congrégation des prêtres du Calvaire de N.-D. de Bétharram. — Statuts ou règles de cette congrégation. — Lettres-patentes de Louis XIII. — Bref du Pape Alexandre VII.

—

Enfin les vœux de Jean de Salettes étaient remplis. Le 29 juin 1626, ce sage Prélat rendit l'ordonnance suivante (1) où l'on trouve une vive expression de sa joie et un témoignage flatteur de sa reconnaissance pour l'homme qui avait été l'instrument de la bonté divine.

« Nous, Jean de Salettes, par la grace de
» Dieu et l'autorité du Saint-Siège apostoli-
» que, évêque de Lescar, à notre bien-aimé
» en J.-C. Maître Hubert Charpentier, prêtre
» et docteur en théologie de la faculté de
» Paris, salut en Notre-Seigneur :
» Comme la chapelle votive, située dans

(1) *Manuscr. arch. départ.* — Cette pièce est en latin. Nous nous bornons à en donner la traduction et des extraits.

» la paroisse de S.ᵗ-Jean-Baptiste de Lestelle,
» en notre diocèse, à laquelle vous nous pro-
» posez de donner le nom de *Notre-Dame*
» *du Calvaire de Bétharram*, après avoir été
» détruite par la fureur barbare des héréti-
» ques, a été par vous restaurée tant avec les
» fonds de votre patrimoine qu'avec les au-
» mônes de quelques dévots et nobles per-
» sonnages, qui, pleins d'estime pour vos
» mérites, votre science et votre piété, vous
» ont secouru de leurs richesses; et comme
» il y a espoir que, par la suite, cet oratoire
» et les cellules qui l'accompagnent acquer-
» ront un plus grand éclat et deviendront de
» vastes édifices :

» Pour la plus grande gloire de Dieu et
» l'honneur de sa bienheureuse Mère, pour
» la consolation des fidèles de J.-C., en par-
» ticulier de cette province et des contrées
» environnantes, lesquels s'y rendent de
» toutes parts pour payer le tribut de leurs
» vœux au Seigneur et à sa Sainte Mère;

» Voulant honorer par notre bienveillante
» faveur votre charité et les autres vertus qui
» vous recommandent, et aussi parce que
» c'est surtout à vos travaux et à votre zèle
» ingénieux que l'on doit tous ces succès;
» agissant comme si nous vous avions soumis

» à un examen, et ayant reçu, suivant le dé-
» cret du Concile de Trente, votre profession
» de foi;

» Nous vous avons conféré et donné, nous
» vous conférons et donnons par ces présentes
» ladite Chapelle de Notre-Dame de Béthar-
» ram, avec le pouvoir de choisir, pendant
» toute votre vie, et de vous adjoindre en
» participation de votre sollicitude et travail
» six prêtres, ou plus, s'il en est besoin,
» lesquels seront tenus d'accueillir les pèle-
» rins et d'accomplir tout ce qui concerne le
» culte divin, les fonctions sacerdotales et la
» religion chrétienne. De tous ces prêtres,
» vous serez le président et supérieur perpé-
» tuel, sous le titre de Grand-Chapelain au-
» quel tous les autres devront respect et
» obéissance. Cependant nul ne pourra être
» reçu dans la Congrégation sans être ap-
» prouvé par nous, etc. »

Ainsi étaient sanctionnées les saintes entreprises de Charpentier. Ainsi se trouvait canoniquement établie la communauté des prêtres de Notre-Dame du Calvaire de Bétharram; car tel est leur nom véritable. L'évêque de Lescar réglait de plus qu'après la mort de Charpentier, le supérieur ne serait nommé que pour trois ans, et que la Congrégation demeurerait soumise à la juridiction épiscopale. Enfin, comme la cure de Lestelle devenait vacante par la démission du sieur Claude Bourret, qui était entré dans la Congrégation, le prélat nommait à perpétuité le supérieur de Bétharram recteur de cette paroisse, et réunissait en conséquence les deux églises avec leurs revenus, à la charge pour le supérieur de remplir toutes les fonctions curiales par lui-même ou par l'un des prêtres de sa maison.

Cette ordonnance est le dernier monument qui nous reste de l'affection que Mgr Jean de Salettes ne cessa de porter à la Chapelle de Bétharram. Ses désirs étaient satisfaits : désormais il n'avait plus qu'à jouir des fruits de l'œuvre excellente qui avait été consommée sous ses auspices. Mais Dieu ne lui laissa goûter cette consolation que pendant six autres années; il fut appelé à de plus pures joies dans le cours de 1632.

Il eût un de ses neveux pour successeur sur la chaire épiscopale. Henri de Salettes se montra digne de l'illustre nom qu'il portait, et, pour ce qui regarde en particulier la chapelle de Bétharram, il fit voir dès la première année de son pontificat, qu'il avait hérité des sentimens de son oncle. Il le fit, en approuvant les nouveaux statuts de la Congrégation.

Ce fut, en effet, en 1632 que les prêtres de Bétharram, éclairés par une assez longue expérience, donnèrent à leur règle sa dernière forme.

Qui n'aimerait à connaître la vie intime de cette pieuse communauté? Donnons donc ici une idée succinte de la législation qui gouverna, pendant près de deux siècles, la maison dont nous écrivons l'histoire.

La Congrégation admettait deux sortes de membres, les *permanens* et les *agrégés*. Ceux-ci étaient tous des prêtres, qui ne demeuraient dans la maison que tout autant que la communauté en avait besoin et que leur commodité propre le leur permettait.

Il y avait aussi des laïcs attachés pour toute la vie au service de la communauté, qui les entretenait sains et malades comme des enfants de la maison.

Le supérieur avait un vice-supérieur. Ils étaient tous les deux électifs et ne devaient rester ordinairement en charge que durant l'espace de trois années. Pour chacune de ces deux dignités, la communauté choisissait, à la pluralité des suffrages, deux candidats qu'elle présentait à l'évêque de Lescar; et celui-ci nommait le titulaire.

L'obéissance était de rigueur; cependant

on n'en faisait pas le vœu. De même la pauvreté était prescrite, mais seulement par rapport aux biens ecclésiastiques et sans qu'on fut tenu de se dépouiller de ses biens patrimoniaux.

La communauté demeurait placée sous la juridiction ordinaire de l'Evêque et sous la direction immédiate du Supérieur. Mais l'esprit de la règle était que « tous ceux de la » maison, se tenant étroitement unis par les » liens de la charité se comportassent si » humblement les uns à l'endroit des autres, » et se prévinssent si soigneusement en honneur, qu'ils semblassent se tenir l'un l'autre » pour supérieur. » Ce sont les termes des statuts.

L'amour de la retraite était recommandé à tous les prêtres. Chacun devait avoir à cœur de se tenir retiré, toujours prêt néanmoins à se rendre, selon l'ordre du supérieur, partout où la charité requerrait sa présence.

La journée était partagée entre la prière, l'étude et l'administration des sacremens. Chaque jour on chantait la messe et vêpres. Les récréations devaient être comme un cours de théologie et de spiritualité. Tous les samedis de chaque semaine, il y avait une assemblée générale où l'on délibérait sur les questions de bon ordre tant pour le spirituel que pour le temporel. Les *agrégés* pouvaient être admis par honneur à ces délibérations ; mais ils ne pouvaient être l'objet d'aucun choix de l'assemblée : toutes les charges étaient réservées aux *prêtres permanens.*

Nous transcrivons presque en entier, et dans toute la simplicité de son vieux style, l'article relatif à la réception des sujets. Ce passage donne une juste idée de l'esprit dominant de la Congrégation.

« Nul, disent les statuts, ne sera reçu pour
» être des permanens, qui ait bénéfice qui
» requière la résidence, et qui ne soit au
» moins clerc-tonsuré, et en âge — ou bien
» près — de prendre le sous-diaconat et en
» volonté de s'y disposer au plus tôt.... Et
» quelqu'il soit, il demeurera huit jours au
» moins dans la maison, en qualité d'hôte,
» pendant lesquels le Supérieur sondera de
» quel esprit il est poussé ; et s'il le juge
» propre, il en fera rapport à la communauté
» pour délibérer s'il doit être admis à la pro-
» bation. Et admis qu'il y sera...., il lui sera
» donné par le supérieur un prêtre du corps
» pour son directeur, qui soit personne de
» consolation et propre pour le dresser et
» former en ce qu'on doit rechercher en la

» dite communauté, et à cette fin l'imbiber
» de l'esprit de la maison qu'on tâchera de
» tirer tant qu'on pourra du saint évangile.
» Et d'abord, il le tiendra aux saints exerci-
» ces spirituels, autant de temps qu'il jugera
» être convenable. Et durera la probation un
» an, pendant lequel il n'aura point entrée
» aux assemblées qui se feront pour les affai-
» res et réglement de la maison...., comme
» aussi ne sera point employé (au moins du-
» rant les trois premiers mois) à confesser,
» ni prêcher, ni autre chose semblable, si
» ce n'est que le supérieur le jugeât à propos
» pour quelque bonne et forte considératiou.
» Et le temps de sa probation expiré, il sera
» résolu en communauté de sa réception, et
» trouvé propre... il sera présenté à Mgr de
» Lescar, par le supérieur, ou un autre
» prêtre... avec l'acte de la résolution de la
» communauté.... au pied duquel acte mon
» dit seigneur sera supplié de mettre son ap-
» probation. Puis le dit approuvé déclarera...
» que sa volonté et ferme résolution est de
» demeurer dans la communauté, toute sa
» vie, sous les statuts qui s'y observent, sans
» toutefois qu'il y soit astreint par vœu ni
» obligation sous peine de péché. Et de plus
» il jurera et fera serment, entre les mains

» du supérieur, d'être fidèle, en tout ce qui
» la concernera, à la communauté, et de ne
» se rien approprier de ce qui sera de la
» maison, de quelque nature que ce soit,
» non pas même quand quelqu'un entendrait
» l'en gratifier en particulier, et qu'il sera
» toujours content d'être entretenu, en la dite
» maison, sain et malade comme les autres,
» et selon le besoin qu'il en aura, et que la
» maison en aura les moyens, laquelle ne
» devra manquer de charité envers un cha-
» cun, non plus que les pères et mères à
» l'égard de leurs enfants.... »

Quant aux biens particuliers que le nouveau membre possédait, la règle, comme nous l'avons dit, ne l'obligeait pas à s'en dépouiller : il pouvait en user selon son bon plaisir. Mais on le conjurait d'éviter toute apparence de cupidité et d'avarice. Et s'il se sentait porté à se désapproprier totalement, on l'y encourageait; mais il devait le faire sans solennité entre les mains de l'Evêque et du supérieur. Les statuts nous apprennent ici que quelques membres de la société avaient déjà fait ce sacrifice.

Il est certains autres petits détails qui ne paraissent pas assez caractéristiques pour mériter une mention spéciale; ce qui précède suffit pour faire connaître la règle de Bétharram.

Treize prêtres signèrent les statuts. Notre Chronique doit sans doute conserver les noms de ces vénérables fondateurs. Les voici tels qu'on les trouve dans le manuscrit original :

Charpentier, Béquel, Gavarret, de Monduzer, de Pruguc, Saint-Genés, Marcadé, B. Anère, F. Salart, Tussau, Juge, Rausse de Laporte, Panuis (1).

Que ne pouvons-nous ajouter à cette liste quelques notes biographiques sur chacun des hommes qu'elle désigne ? Quelle était leur patrie ? Quels étaient leurs titres dans la société ? Quelles furent les œuvres de leur zèle ? L'histoire ne nous le dit pas. Indépendamment de Charpentier, et de David Béquel, cet ancien curé de Nay, que nous connaissons déjà depuis long-temps, il n'en est que deux autres au nom desquels nous puissions rattacher quelque circonstance historique. Ce sont M. de Monduzer, qui avait été long-temps notaire apostolique du diocèse de Tar-

(1) Il manque les noms de Richard, Antoine Béquel et Bourret dont nous avons parlé plus haut, ainsi que celui d'un sieur Dosanet, qui était chapelain en 1627. Il est probable que ces quatre prêtres étaient morts à l'époque de la rédaction des statuts.

bes, et M. de Prugue, prieur de l'Isle, qui fut nommé vice-supérieur l'année même de la rédaction des statuts et qui remplit plusieurs fois dans la suite les fonctions de supérieur. Pour ce qui est des autres, nous trouvons assez souvent leur signature apposée aux procès-verbaux des miracles, mais au-delà, rien ne nous est connu sur leur compte. Ils auront passé en faisant le bien sans bruit et sans éclat. Que le Dieu des humbles récompense leurs modestes vertus dans la bienheureuse éternité !

Henri de Salettes approuva les statuts de Bétharram, le 7 décembre 1632. Dans le mois d'août de l'année suivante, le roi Louis XIII donna une existence légale à la nouvelle Congrégation par des Lettres-patentes bien remarquables.

« Comme la piété, disait ce prince, est le
» fondement de toutes les vertus, nous avons
» aussi à singulier plaisir de la voir rétablir
» et remettre dans les lieux d'où elle a été
» bannie, tant par l'hérésie que par les dé-
» sordres des guerres civiles qui ont eu cours
» en divers endroits de nos royaumes et états.
» C'est pourquoi, sur la très-humble suppli-
» cation qui nous a été faite par les prêtres
» servant la dévote Chapelle de Bétharram,

» dite du Calvaire, située en notre pays de
» Béarn, au diocèse de Lescar, de confirmer
» la donation qui leur a été ci-devant faite
» de la susdite Chapelle, appartenances et
» dépendances d'icelle par le sieur Evêque
» de Lescar; ensemble d'approuver et auto-
» riser leurs statuts concertés et arrêtés avec
» ledit sieur Evêque, nous avons été d'autant
» plus porté à leur accorder leur demande,
» que nous sommes assuré de leur bonne vie
» et doctrine et que, par leurs exemples et
» leurs bons enseignemens, nos sujets pour-
» ront grandement profiter pour l'avance-
» ment de leur salut.

» A CES CAUSES et autres bonnes considéra-
» tions », Sa Majesté confirme et approuve
en effet, soit la donation de l'Evêque de
Lescar, soit les statuts de la Congrégation.
Elle veut que tous les autres évêques du
royaume puissent donner aux prêtres de cette
congrégation des chapelles, auxquelles il leur
est permis d'annexer la Dévotion du Calvaire
et qui seront servies de la même manière et
avec le même ordre que celle de Bétharram.
*Et pour obvier au trouble que la Dévotion à
ladite Chapelle pourrait recevoir des hotelle-
ries, tavernes ou cabarets,* qu'on voudrait
bâtir autour de ce saint lieu, défense est faite

à toutes personnes d'en construire hors des villages de Montaut et de Lestelle, sous peine de démolition et de confiscation, *attendu*, disent les Lettres, *que la maison dudit lieu reçoit, loge et exerce toutes sortes d'œuvres de charité et d'hospitalité.* Toutes ces graces sont accordées *à la charge que les prêtres de Bétharram feront des prières pour le Roi, pour la Reine, sa très-chère épouse et compagne et pour la prospérité de ses états.*

Il ne manquait plus à la Communauté de Bétharram que l'approbation du Siège Apostolique. Cette faveur vint à son tour, mais seulement après un délai de vingt-cinq années. Il est vraisemblable qu'avant de la solliciter, on avait voulu s'assurer, par la consécration que le temps seul peut donner aux entreprises humaines, de la stabilité et de l'avenir du nouvel institut. Ce fut le Pape Alexandre VII qui approuva la règle de Bétharram, par un bref, daté du 3 décembre 1657, que nous rapporterons ici pour ne pas interrompre l'ordre des matières.

ALEXANDRE VII, PAPE; *pour en perpétuer le souvenir. Les administrateurs et économes de la Chapelle de la Congrégation du Mont-Calvaire, du lieu appelé Bétharram, au diocèse de Lescar, nous ont fait exposer depuis peu, qu'ils désirent très vivement que les statuts par eux dressés pour le bon gouvernement tant de cette Eglise que des prêtres, clercs et autres ministres qui la desservent, soient munis du sceau de notre confirmation apostolique, afin qu'ils aient plus de force et soient observés par tous plus exactement. Voulant gratifier de faveurs particulières lesdits exposants* (1)..; *condescendant aux humbles supplications qui nous ont été adressées en leur nom; de notre autorité apostolique, nous approuvons et confirmons, par ces présentes, les susdits statuts, leur communiquons la force d'une inviolable stabilité, et suppléons tous et chacun des défauts, tant de droit que de fait, qui auraient pu s'y introduire, pourvu toutefois qu'ils aient été approuvés par l'ordinaire du lieu, qu'ils soient en usage, licites et honnêtes, qu'ils n'aient pas été révoqués ou compris sous quelque révocation, et qu'ils ne soient pas contraires aux saints canons, aux décrets du Concile de Trente et aux constitutions apostoliques. Voulons que ces statuts et les présentes lettres soient et demeurent perpétuellement valides, fermes et efficaces, qu'ils ob-*

(1) Ici se trouvent les absolutions d'usage que nous omettons.

tiennent leurs pleins et entiers effets, qu'ils soient inviolablement et invariablement observés par tous et chacun de ceux que cela regarde ou regardera, qu'ainsi soit jugé et décidé par tous les juges ordinaires et délégués et par les auditeurs des causes du Palais apostolique, déclarant nul et de nul effet tout ce qu'on y fera de contraire, sciemment ou par ignorance.....

Donné à Rome, à Sainte-Marie Majeure, sous l'anneau du Pêcheur, le 3 décembre 1757, la troisième année de notre Pontificat.

Signé, GUALTERIUS.

CHAPITRE VII.

Etablissement d'une Confrérie de la Sainte-Croix. — Charpentier fonde le Calvaire du Mont-Valérien, près de Paris. — Sa mort et son épitaphe. — Mort de David Béquel.

On a vu, par les extraits que nous avons donnés des statuts de Bétharram, qu'il y avait des prêtres *agrégés*, qui, sans résider auprès de la Chapelle et sans jouir de tous les privilèges des *permanens*, ne laissaient pas d'être regardés comme des membres véritables de la Congrégation. Ces agrégés étaient en général des curés ou des vicaires qui aimaient à s'unir d'esprit et de cœur aux travaux des bons Prêtres de Notre-Dame de Bétharram, et surtout à pouvoir se retirer de temps en temps au milieu d'eux, comme parmi des confrères, pour se ranimer dans le goût et la pratique des vertus sacerdotales. Il est aisé de voir qu'en attirant ainsi à elle le clergé des paroisses, la communauté avait une plus grande étendue qu'on ne lui en supposerait au premier coup-d'œil.

Il parut bon de lui donner aussi de vastes ramifications dans les rangs même des simples fidèles. On avait déjà vu plusieurs sociétés anciennes s'attacher, par des affiliations toutes spirituelles, les chrétiens retenus au milieu des affaires du monde. C'est ainsi que la Confrérie du Scapulaire unit les laïques de l'un et de l'autre sexe aux Religieux du Mont-Carmel. De même, chez les enfants de S.ᵗ-Dominique et de S.ᵗ-François, ce qu'on appelle le Tiers-Ordre n'est qu'une association indirecte des artisans, des époux, des pères de famille, des guerriers, des princes même, aux œuvres et aux mérites de ces deux ordres célèbres.

A Bétharram, ce fut une Confrérie de la Sainte-Croix qu'on établit, suivant l'idée qu'inspirait naturellement l'institution du Calvaire. Dès la première origine, les personnes pieuses témoignèrent le plus grand empressement à s'y faire incorporer. On voit surtout avec plaisir, dans les procès-verbaux des miracles obtenus en ce saint lieu, que plusieurs d'entre ceux qui en avaient été l'objet se faisaient un devoir d'inscrire leur nom dans la liste des confrères. Ils voulaient conserver des relations étroites avec le sanctuaire où le Ciel s'était montré si favorable à leur égard.

Le Pape Urbain VIII enrichit la nouvelle Confrérie de nombreuses indulgences, tant plénières que partielles. Il est inutile de faire ici le dénombrement de ces graces : nous constatons seulement la date de la Bulle, qui fut donnée le 3 juin 1638.

Cette année est une des époques les plus remarquables de notre histoire, parce que la maison de Bétharram obtint alors son plus glorieux accroissement. Ce fut, en effet, dans le cours de cette année, que son fondateur établit, aux portes de Paris, le Calvaire si renommé du Mont-Valérien, « précieuse
» branche, dit un élégant auteur, sortie de
» cette tige féconde en fruits de salut que
» le pieux Hubert Charpentier avait, quel-
» ques années auparavant, plantée dans le
» Béarn. » (1)

Mais pour raconter les choses avec des détails convenables, nous devons remonter un peu plus haut. Dès l'année qui suit la rédaction des statuts et l'installation définitive des Prêtres de Notre-Dame du Calvaire de

(1) *Le Mont-Valérien, ou pèlerinage et amitié*, par Max. de M., chap. 2.

Bétharram, c'est-à-dire, en 1633, Charpentier fit un voyage à Paris, où sa vertu, quelque modeste qu'elle fût, ne tarda pas d'être appréciée par des hommes d'un haut rang et d'une grande piété. Ceux-ci lui témoignèrent que ce serait une entreprise utile à la gloire de Dieu, de doter la Capitale du Royaume d'un établissement semblable à celui qui faisait tant de bien sur les frontières, et le bon prêtre se convainquit par lui-même qu'il devait en effet consacrer à cette œuvre les dernières années de sa vie.

« A deux lieues de Paris, dit l'écrivain
» que nous citions tout-à-l'heure, sur la rive
» gauche de la Seine et près du joli village
» de Surènes, s'élève une montagne, connue
» sous le nom de Mont-Valérien. Parvenu à
» son sommet, le voyageur embrasse de ses
» regards le plus magnifique horizon. Son
» œil découvre les clochers et les dômes de
» l'immense Capitale, et ce vaste amas d'édi-
» fices, où s'agitent et se pressent un million
» d'individus de conditions si opposées, d'in-
» térêts si divers. Ramenant sa vue sur des
» tableaux moins éloignés, il aperçoit semées
» dans la campagne quelques maisons d'une
» structure élégante et gracieuse, et ce beau
» bois de Boulogne dont les habitants de la

» grande cité aiment les ombrages et les dé-
» licieuses promenades. Enfin, il voit se des-
» siner à ses pieds le bassin de la Seine, ren-
» fermé entre le bourg de Neuilly et l'antique
» village de Nogent, aujourd'hui S.*t*-Cloud,
» du nom de Clodoald, fils d'un de nos Rois,
» qui, cachant en ces lieux la grandeur de
» sa naissance, sut échanger une couronne
» fragile pour une couronne d'immortalité.
» Si l'on se place sur la pente opposée du
» sommet de la montagne, un autre specta-
» cle vient charmer les regards. Des bosquets,
» des prairies, de vastes et fertiles plaines se
» déroulent aux yeux; et la vue découvre, à
» peu de distance du pied du mont, le ha-
» meau de Nanterre, l'antique berceau d'une
» vierge illustre (sainte Geneviève) que la
» voix d'un peuple reconnaissant a procla-
» mée *Patrone de Paris* (1). »

Tel est le lieu que Charpentier jugea propre à la réalisation du vœu de ses amis. Disons toutefois que ce qui l'y attira le moins, ce fut la beauté du site. Pour une âme comme la sienne, il y avait quelque chose de plus séduisant dans la pensée que ce lieu était déjà sanctifié par les vertus angéliques de plusieurs

---

(1) *Le Mont-Valérien, ou pèler.*, etc. Introduction.

hermites qui avaient successivement vécu et prié, depuis des siècles, dans les cellules disséminées sur la montagne. De plus, quelle position que celle-là, non loin de Paris, en face des lieux de divertissement qui règnent autour de cette grande ville ! En y plantant la Croix, en y élevant un Calvaire, c'était opposer une barrière aux plaisirs du monde. Au moins ce spectacle pouvait-il mêler un peu d'amertume à la folle ivresse des enfants du siècle et jeter dans leur cœur quelques impressions salutaires.

Mais pour exécuter un pareil dessein, Charpentier avait à surmonter bien des obstacles, comme autrefois à Garaison et à Bétharram. C'est le propre des œuvres de Dieu de débuter par les contradictions : cette fois, il fallut près de cinq années pour en triompher. Enfin, grace à la puissante protection de Richelieu, et aux secours du cardinal de La Rochefoucauld, ainsi que de l'Archevêque de Paris et de plusieurs autres personnes de distinction, l'humble et généreux prêtre se vit à même d'effectuer son plan.

Cependant avant de se dévouer à cette nouvelle mission, il voulut revoir une dernière fois la chapelle de Bétharram. Il y vint en 1637, et pendant le séjour qu'il y fit, il s'occupa des intérêts de cette maison avec le zèle et la sagesse qui les caractérisaient. Quand il eut réglé toutes choses, il s'arracha, les larmes aux yeux, d'entre les bras de ses disciples. Peu de temps après, il s'établit au Mont-Valérien avec treize prêtres, sous la règle même de Bétharram, qui fut approuvée, le 21 août 1638, par l'Archevêque Jean-François de Gondi.

Charpentier vécut encore un peu plus de douze années. Pendant ce temps-là, son mérite le fit rechercher par les personnages les plus éminens et par les communautés les plus ferventes. Il fut désiré comme supérieur par les Religieuses du Calvaire, congrégation récente qui avait aussi pour but principal d'honorer *Jésus crucifié*, et « elles ne furent » point trompées, dit un biographe, dans la » bonne opinion qu'elles avaient conçue de » sa vertu et de sa sainteté (1). » Le séminaire des Missions étrangères tint à honneur de *s'agréger* à la société des prêtres du Mont-Valérien. Dans la suite, tous les curés de Paris s'y firent également affilier et l'usage s'établit alors, pour les paroisses de la Capitale, d'aller en pélerinage au Calvaire, deux fois par an.

(1) Gallia Christiana, t. VII, col. 1004.

On dit aussi que Charpentier eut des relations assez intimes avec les solitaires de Port-Royal, c'est-à-dire, avec les plus ardens promoteurs du Jansénisme, et cette amitié paraît avoir rendu sa foi suspecte à quelques écrivains. Mais il est facile, ce nous semble, de le laver entièrement de l'odieuse tâche d'hérésie. Il suffit pour cela de remarquer qu'il était mort depuis trois ans, lorsque l'Eglise prononça la condamnation du fameux livre de Jansénius, et rien n'indique, il s'en faut bien, que, s'il eût vécu, il se fût montré rebelle à la voix du souverain Pontife et des évêques.

Quant à ses liaisons avec Port-Royal, elles n'étaient que le résultat des avances qu'on lui fit pour surprendre sa candeur naturelle. Ce fut toujours la tactique du parti Janséniste de chercher à se concilier tout ce qu'il y avait de personnages recommandables par leurs vertus et leurs bonnes œuvres. L'introducteur du Jansénisme en France, Duverger de Hauranne employa toutes sortes de manœuvres pour gagner saint Vincent-de-Paul. S'il fut déjoué par le jugement droit et sûr de ce dernier, il parvint à capter la bienveillance de plusieurs autres prêtres distingués et en particulier du fondateur du Mont-Valérien.

Mais, dit un théologien judicieux et modéré,
« il ne fant pas juger trop sévèrement quel-
» ques hommes célèbres, qui, dans les pre-
» miers temps du Jansénisme, ont témoigné
» quelque goût pour cette hérésie naissante.
» Elle avait alors tellement réussi à prendre
» les dehors de la piété, de l'austérité, du
» zèle et même de l'attachement à l'Eglise
» Catholique, que bien des personnes ont pu
» être les dupes de l'hypocrisie (1). » Il est
donc possible que, séduit par de grandes apparences de vertu, Charpentier ait aimé les
hommes de Port-Royal, avant le jugement de
l'Eglise, mais certainement il n'a point par-
tagé leurs erreurs, et encore moins l'obstina-
tion qu'ils firent paraître après sa mort.

Reprenons le cours des événements. Les
heureux succès, dont Dieu récompensa le
zèle de Charpentier à Paris, ne lui firent pas
oublier Bétharram. Il entretint avec ses disciples du Béarn une correspondance active,
dont la perte est bien regrettable pour nous.

(1) Ce passage est cité par Feller, *Dict. hist. art.*,
Arnauld (Henri). Si cet auteur a cru pouvoir s'en servir
pour justifier un Prélat, qui résista quelque temps aux
décisions de l'Eglise, à combien plus forte raison y trou-
verons-nous une excuse en faveur d'un prêtre, tout occupé de bonnes œuvres, et décédé avant le jugement
solennel du Saint-Siège ?

Il n'en reste aucune autre trace qu'une lettre où il exprimait un désir, qui s'accomplit quelques années après sa mort. Dans cette lettre, datée du 27 août 1650, il proposait de réunir les deux maisons de Bétharram et du Mont-Valérien en une seule famille, de telle sorte que les membres et les agrégés de l'une appartinssent en même-temps à l'autre. Quinze jours plus tard, il fit son testament dans lequel il légua son cœur à notre dévote Chapelle.

Hélas! cette disposition dernière nous annonce la fin prochaine de cet homme de bien. Mais d'un autre côté, elle nous console en ce que Bétharram possèdera la plus noble portion de la dépouille mortelle de son père chéri.

Le cœur de Charpentier repose en effet dans la Chapelle de Bétharram. Il est caché derrière une plaque de marbre noir, dans l'épaisseur de la muraille, au coin du sanctuaire, du côté de l'épître. Sur le plomb qui le recouvre immédiatement, on lit ces paroles:

Cor bonum et optimum
Huberti Carpentarii,
Sacerdotis Meldensis,
Socii Sorbonici,
Domus hujus Betaranensis
institutoris,
Par. in presbyterio S.^{ti} Jo.
Defuncti. 10 dec. an. 1650.

C'est-à-dire : *Cœur bon et très-bon d'Hubert Charpentier, prêtre de Meaux, agrégé de Sorbonne, fondateur de cette maison de Bétharram, décédé à Paris, au presbytère de St-Jean, le* 10 *décembre de l'an* 1650

Le corps fut porté au Mont-Valérien, où il resta dans l'église au milieu de la nef, jusqu'au jour où ce saint lieu fut dévasté par les excès de la révolution. Quand on découvrit le caveau qui renfermait ces restes mortels, ils étaient intacts et conservés dans toutes leurs formes; mais, après avoir été exposés à l'air, ils s'altérèrent sensiblement et on les inhuma dans le cimetière des hermites, où ils viennent d'être troublés encore dans leur repos par les travaux des fortifications de Paris.

Voici en français l'épitaphe de Charpentier: c'est un abrégé de sa vie. Ce sera aussi le dernier hommage que nous déposerons nous-mêmes sur la tombe d'un prêtre dont les bienfaits se perpétuent encore parmi nous et que nous ne quittons qu'avec un indicible regret:

« (1) Près de cet autel, repose celui qui tomba sous la main du Seigneur et qui voulut

---

(1) Adjacet huic altari sacro
Qui super manum Domini cecidit,
Qui semper abscondi voluit,
Hubertus Carpentarius,

être toujours caché, Hubert Charpentier, prêtre de Meaux, licencié de la maison de Sorbonne. Poussé par la charité, il fut partout un hôte généreux, et, pauvre volontaire, il ne posséda rien en propre, nulle part. Cependant, il éleva, au pied des Pyrénées, deux maisons qui furent successivement privées, non sans regret, de leur fondateur. Il redouta Garaison, devenue opulente, et lui préféra le pauvre lieu de Bétharram qu'ensuite il quitta quand il l'eût agrandi. Enfin, sous l'épiscopat de Jean-François de Gondi, premier Archevêque de Paris, il vint fixer ici sa demeure et, en y élevant la Croix, il y transporta, pour ainsi dire, le Calvaire du fond de la Judée. Sage architecte, c'est sur le roc qu'il voulut bâtir. Attaché à la Croix, c'est ici qu'il aurait dû mourir ; mais non, peu importait le lieu de

Meldensis sacerdos, Sorbonæ socius,
Ubique, ex necessariâ dilectione officiosus hospes,
Nullibi ex voluntariâ paupertate peculiaris dominus,
Domus tamen duas ad Pyrenæos crexit,
Quæ suo vicissim institutore ægrè caruèrunt.
Timuit nempe Garaizonensi, cum ditesceret,
Deinde Betharanensem pauperiorem ei prætulit,
Hanc posteà amplificatam reliquit.
Tandem sub illustrissimo archiepiscopo Parisiensi
primo
Joanni-Francisco Gondio
Novum se dedit hujus loci cultorem :
Transtulit, quasi ex Judæis, Calvariæ locum
Et in eo crucem exaltavit.

sa mort, puisqu'il voulut qu'on n'eût pas à le regretter dans le lieu même de la solitude, objet de ses vœux. Il mourut à Paris, au presbytère de Saint-Jean, dans les bras d'un pasteur qu'il avait longtemps aimé, en présence de Dieu seul qu'il avait toujours servi. Homme digne d'une éternelle mémoire, qui ne vécut ni ne mourut pour lui-même, dont toute la vie fut consacrée à l'Evangile et dont le dernier souffle fut une prière. Il mourut âgé de 85 ans, le 16 décembre 1650. »

Charpentier avait été précédé de quelques mois, dans le tombeau, par son ancien ami et son premier collaborateur à Bétharram ; David Béquel mourut aussi dans le cours de l'année 1650. Il était le doyen de la Congré-

> Sapientem egit architectum
> Qui in monte fundamenta posuit.
> Christo confixus hic commori debuerat,
> Sed nihil interfuit ubi decederet è vitâ ;
> Et in ipso votivæ solitudinis exilio
> Ne relictum sibi voluit esse desiderium sui
> Lutetiæ obiit in presbyterio Sancti Joannis,
> In ejus quem diu amaverat pastoris sinu,
> In unius Dei conspectu quem semper coluerat.
> Dignus plane immortali memoriâ
> Qui nec vixit sibi, nec sibi mortuus est,
> Qui quandiu servavit animam, collaboravit evangelio
> Et quandò afflavit, oravit,
> Annos natus 85, die decembris 1650.

gation, et chargé de la cure de Montaut, paroisse qui n'est séparée de Bétharram que par la rivière. Pendant sa vie, il avait fait les plus grands sacrifices pour la dévote Chapelle, qui lui dut en partie sa restauration et sa nouvelle gloire. Au moment de la mort, il fit encore pour elle des dispositions testamentaires. Aussi célébra-t-on huit Messes par an, pour le repos de son âme, tant que la Congrégation subsista.

Avec David Béquel s'éteignit, si nous ne nous trompons, la première génération des Bétharramistes. Des treize qui avaient signé les statuts, il n'en restait plus aucun. Mais la Providence veillait sur le pieux établissement, à qui de beaux jours et des succès admirables étaient encore réservés.

CHAPITRE VIII.

Le Chapelain Tristan de Lupé du Garrané. — Le poète Pierre de Bastide. — Principaux bienfaiteurs de Bétharram, au 17.ᵉ siècle. — Considérations générales sur les miracles de Bétharram.

—

Avant même la mort de Charpentier et de Béquel, la Congrégation de Bétharram avait reçu dans son sein plusieurs sujets de mérite, très-propres à rassurer sur son avenir. C'étaient des docteurs en théologie, des hommes de grande famille et en même-temps des prêtres remplis d'un zèle tout apostolique. Les vieillards avaient pris plaisir à les *imbiber*, comme disaient les statuts, *de l'esprit de la maison*, et ces jeunes novices n'avaient trouvé, dans la supériorité de leur savoir et de leur naissance, qu'un stimulant de plus pour vénérer les fondateurs et se soumettre à leurs leçons.

Parmi ces nouveaux confrères, il y en eût un surtout qui se montra digne à tous égards de la confiance et de l'affection des anciens. Il se nommait Tristan de Lupé du Garrané. Ce fut lui qui, après la mort de Béquel, devint la principale gloire et le plus ferme appui de la société. Ses relations procurèrent à l'œuvre des protecteurs et des bienfaiteurs dans les classes les plus élevées. Les prélats voisins voulurent tous l'avoir pour ami, et l'archevêque d'Auch alla jusqu'à le nommer vicaire-général de son diocèse. Dans la maison, on tenait singulièrement à l'avoir pour supérieur : aussi, fut-il élu toutes les fois que les règles le permettaient, et durant la moitié du dix-septième siècle, l'œuvre de Bétharram se développa de plus en plus sous son administration sage et prudente.

Dans cette même époque, la dévote Chapelle eût aussi son poëte. Pierre de Bastide, tel est le nom de cet ami des Muses, ou, pour mieux dire, de ce chantre inspiré de la Vierge des Vierges ; car c'est à Marie seule qu'il demande toujours d'accorder sa lyre. Il était né au lieu de Tauzian, dans le diocèse d'Auch, et mourut vers l'année 1665. Il ne nous reste presque aucun autre détail sur ce chapelain : tout ce que l'histoire ajoute, — mais ce peu de paroles valent un long panégyrique, — c'est qu'il jouit constamment *de la plus grande réputation par ses talens et par la sainteté de sa vie* (1). Il était mort, lorsque Tristan de Lupé publia ses œuvres poétiques. Elles produisirent, à ce qu'il paraît, une certaine sensation ; du moins un homme de lettres crut pouvoir adresser à l'estimable éditeur un sonnet qui commence par ces deux strophes :

« Illustre de Lupé, votre ami plein de gloire
» Triomphe, par vos soins, de la poudre et des vers,
» Et revoyant le jour en chacun de ses vers,
» Remporte sur la mort une noble victoire.
   » Bétharram, il est vrai, conservait sa mémoire;
» Mais, donnant au public ses ouvrages divers,
» Vous le faites connaître au bout de l'univers,
» Eternisant son nom, ainsi que son histoire.....

Hélas ! l'homme de lettres se trompait. Le nom et l'histoire de Bastide sont tombés dans l'oubli, et nous n'espérons pas les faire revivre, quoiqu'il nous semble que ce que nous allons en dire ne soit pas la partie la moins curieuse de la chronique de Bétharram.

Les poésies de Bastide sont toutes en latin, ce qui nous prive de la satisfaction d'en citer des passages. Ces citations ne pourraient intéresser que quelques rares amis de la littérature antique. Mais ils admireraient, croyons-nous, ces vers coupés avec grace, cadencés

(1) *Hist. de Bétharram*, par Touton. *Préface.*

avec bonheur, et qui, dans la partie descriptive surtout, rappellent la manière élégante de Virgile.

On reconnaît les idées dominantes de notre poète, au choix même de ses sujets. Ses œuvres peuvent se diviser en deux classes. La première contient des traductions des OEuvres Chrétiennes d'Arnaud d'Andilly, entre autres du long Poème sur *la vie de Jésus-Christ*. A la seconde classe, appartiennent les compositions que Bastide a tirées de son propre fonds, et dans lesquelles on se plaît à le voir tout entier. Ces compositions sont au nombre de trois ; un quatrain en l'honneur de saint Joseph, une paraphrase des Litanies de la Sainte-Vierge, et enfin un poème sur Bétharram, qui ne renferme pas moins de 1280 vers.

Arrêtons-nous quelques instants sur ce dernier ouvrage. On peut voir par la courte analyse que nous en avons faite dans l'*Avant-propos* (1), que ce n'est pas une de ces œuvres d'imagination, où la curiosité est sans cesse excitée et sans cesse trompée par mille incidens divers, qui s'entremêlent avec art. Ce n'est pas non plus ce qu'on appelle un

(1) Voyez plus haut, page 34.

poème héroïque. C'est quelque chose de mieux à notre avis : c'est un livre de famille où l'on croit entendre un noble cœur proclamer la tendresse d'une Mère et célébrer les bonnes actions de ses frères bien-aimés. Le poète raconte, dans le langage le plus effusif, ce qui s'est fait de merveilleux, et ce qui se passe d'édifiant dans la maison qu'il a choisie pour sa demeure. Sous sa plume la douce Légende de Bétharram prend un caractère d'intérêt tout nouveau ; les statuts de la société sont, pour ainsi dire, mis en action. On voit les prêtres de la chapelle se livrer à leurs saints exercices, les ouvriers et les artistes travailler avec ardeur à la décoration du lieu saint, les pèlerins accourir en foule, s'édifier de la pompe des cérémonies, obéir aux invitations de la grace et recevoir dans la maison même la plus généreuse hospitalité. Bastide vous attire ensuite après lui dans ses promenades rêveuses ; et vous fait admirer tout ce que la nature et l'art ont réuni de charmes autour de l'oratoire de Marie.

Mais le trait le plus saillant de ce poème, celui au moins que nous aimons le plus à faire ressortir, c'est l'expression presque continuelle de la dévotion de l'auteur pour la Très-Sainte-Vierge. Ecoutons ce qu'il lui dit

en commençant : « O Vierge ! ô Marie ! vous
» vous ne vous repentirez pas d'avoir admis
» ce pauvre client au nombre de tant d'hom-
» mes vénérables qui vous servent et qui font
» brûler sur vos autels le feu de la piété. Il
» y a déjà long-temps, ô Mère du divin
» amour, il y a déjà long-temps que l'amour
» divin m'attache à vous. Je le sais, ô bonne
» Vierge, je suis indigne de vos faveurs ;
» mais n'importe, je suis tout à vous, et
» mon travail est à vous, et mon œuvre vous
» appartient. O Sainte Reine ! mon cœur,
» tout glacé qu'il est, respire pour vous
» avec une ardeur qui pétille comme la
» flamme (1). »

Il serait trop long de redire tous les élans de ce genre, qui se trouvent dans le poème de Bétharram. Bastide est sans cesse ramené par son cœur auprès de la divine Marie. Rapporte-t-il un miracle ? il l'attribue à sa puissante intercession. Raconte-t-il l'histoire de la Chapelle et du Calvaire ? la Sainte-Vierge y apparaît toujours. Souvent il s'interrompt tout-à-coup pour dire un mot à sa bonne Mère. Pendant qu'il écrivait, la guerre civile régnait en France : auteur chrétien, il déplore

---

(1) *Carm. Topogr.* etc. Pars 1. Stroph. 3.

amérement les malheurs qui en sont la suite, et aussitôt il invoque, au nom de sa patrie, la médiation de Notre-Dame de Bétharram, en lui rappelant ce que Louis XIII a fait pour elle.

Bastide acheva son poème le jour de l'Assomption. Il ne craint pas de demander sa récompense à la Reine du Ciel, couronnée elle-même en ce jour. Voici la prière qu'il lui adresse : « O Vierge ! obtenez-moi, pour
» prix de mon labeur, non l'abondance de
» l'or, ni les pierres précieuses, non la vaine
» gloire du monde, ni les molles délices, ni
» les meubles brillants, mais le divin amour,
» mais la lumière qui resplendit au Ciel et
» les joies inaltérables de l'éternelle vie (1). »

Nous voudrions bien pouvoir faire partager à nos lecteurs l'impression qu'a produite en nous la lecture du poème de Bastide; mais tous nos efforts seraient complètement inutiles. C'est ici un de ces ouvrages qu'on doit lire, pour respirer tout le parfum qu'ils exhalent : le compte-rendu le plus exact ne suffit pas pour les faire goûter, autant qu'ils le méritent.

Les œuvres du poète de Bétharram paru-

---

(1) Ibid. *Pars* 4. *Str*. 128.

rent en 1667, sous les auspices de M.gr du Haut-de-Sallies, alors évêque de Lescar.

—

Suspendons pour un moment la marche naturelle des faits; avant de nous engager dans le récit des événemens ultérieurs, nous voulons dire quelques mots sur les principaux personnages du dehors, qui, par leur influence ou leurs largesses, concoururent à l'œuvre de Bétharram, pendant sa première époque.

La liste de ces bienfaiteurs est longue et renferme les plus beaux noms. Il est inutile de mentionner de nouveau les Souverains-Pontifes et les Prélats : on a vu les divers actes de leur bienveillance. On a vu aussi ce que Louis xiii daigna faire dans l'exercice de son autorité royale. Ce monarque y ajouta par la suite de fréquentes largesses. En 1625, il fit construire à ses frais la Chapelle de S.t-Louis : c'est ce petit édifice, accompagné de deux cellules latérales, qu'on aperçoit de loin à mi-hauteur de la montagne du Calvaire, et dont les trois corps, semblables à autant de tourelles, se détachent du milieu des arbres d'une manière si pittoresque. A l'heure de la mort, Louis xiii se souvint encore de la dévote Chapelle et lui légua une somme de trois mille livres. Louis xiv changea ce legs en une rente annuelle de cent livres, à la charge d'une messe solennelle, qui se célébrait, tous les ans, le jour de St-Louis, roi de France, dans la chapelle même dont nous venons de parler.

La Reine Anne d'Autriche fit aussi de grandes aumônes et fonda six messes par an.

Dans un rang inférieur, mais dans l'ordre de la première noblesse, nous trouvons, outre les Miossens auxquels nous avons déjà payé notre tribut d'hommages, la famille de La Tour-du-Pin, celle de Lamothe-Gondrin, les comtes de Rébenacq, et le brave Poyanne, à qui Louis XIII confia la place de Navarrenx, durant sa glorieuse expédition en Béarn.

Le poète Bastide parle avec enthousiasme des offrandes de Madame de Lauzun et de celle de Madame Claude de Grammont, issue de la maison des Montmorency. J'ai vu, ajoute-t-il, *les grands de la terre, se disputer le bonheur d'embellir ce saint lieu;* et là-dessus, il fait une pompeuse description des vases enrichis d'or et de pierreries qu'avait donnés Madame la comtesse de Loménie de Brienne. Cette dame, fille du seigneur de Béon, était béarnaise, et telle fut toujours l'affection qu'elle montra pour le célèbre pélerinage de son pays natal, que les prêtres du Calvaire lui dédièrent, par reconnaissance, la seconde édition du *Traité des Merveilles opérées à Bétharram.*

Que dire du savant auteur de cet ouvrage, de Marca, l'historien du Béarn, qui voulut l'être aussi d'une petite chapelle (1)? On rapporte que ce grand homme, né pendant le règne du calvinisme, avait été porté à S.t-Pé, en Bigorre, pour y recevoir le baptême des mains d'un prêtre catholique. Bétharram est sur la route de S.t-Pé; il est permis de croire que, suivant un antique usage, ses parens le consacrèrent à la Sainte-Vierge, en passant devant les masures de la chapelle incendiée, et que de cette consécration naquirent les tendres sentimens qu'il témoigna toute sa vie pour ce lieu vénéré.

Un homme dont Marca fut long-temps le collègue au Parlement de Navarre, Bernard de La Vie, premier président de cette cour, désirant obtenir une sépulture de famille

---

(1) Pierre de Marca, né à Gan, le 24 janvier 1594, nommé président au Parlement de Pau en 1621, évêque de Couserans en 1647, archevêque de Toulouse en 1652, nommé au siége de Paris, et mort le jour de l'arrivée de ses bulles en 1662. Il a été nommé le *Père de l'histoire de Béarn.*

CHAPITRE VIII.

dans la chapelle de Bétharram, donna de concert avec sa mère, Mme de CUMIN, une somme de 900 livres. Son tombeau se trouve en effet au sanctuaire, et, sur une grande plaque de marbre noir, encadrée dans une espèce de monument funéraire, on lit son épitaphe, en ces termes :

Messire Bernard de La Vie, né à Dacs, le dernier août 1579, fut président aux Requêtes du Parlement de Bordeaux, charge que son père, Messire Fortis de La Vie avait exercée. Il fut choisi par le Roi pour remplir la charge de premier président en cette province, le premier après l'érection du Conseil-souverain en Parlement. Il l'a exercée pendant 34 ans; et après cette carrière, plus longue par le nombre de ses héroïques actions que par celui de ses années, il est décédé à Pau, en l'hôtel par lui bâti, le 6 octobre 1655.

A la suite de ces grands noms, les mémoires en contiennent une multitude d'autres moins connus, mais non moins recommandables aux yeux de la foi. Et combien qui n'ont pas été consignés dans les registres ! Combien de veuves qui déposèrent leur denier dans le *Trésor* (1), et dont l'aumône humble et mo-

---

(1) Réduit où l'on jette les dons que l'on veut faire sans éclat; il est au fond de la Chapelle, près de la porte d'entrée.

deste concourait aussi à nourrir les ministres de Dieu et à rehausser la splendeur du culte!

Il y eut même des villes entières, qui prirent place parmi les bienfaiteurs de Bétharram. Nous avons déjà parlé de la ville de Bordeaux ; Marca va nous en signaler une autre. Vers 1628, dit-il, « la peste qui ravageait
» les plus belles villes de la France, fut por-
» tée dans celle de Mont-de-Marsan.... Ce
» feu allait sans doute embraser et dévorer
» cette communauté, laquelle reconnaissant
» qu'il n'y a remède plus puissant pour con-
» jurer ce fléau, que de se tourner à Dieu,
» et sachant combien étaient agréables à sa
» divine bonté les intercessions de la Vierge
» réclamées à Bétharram, s'adressa à cette
» bonne Dame, en une si grande nécessité
» et arrêta son vœu, par délibération pu-
» blique, proposant de faire dire quarante
» messes en la chapelle et d'y faire dresser
» quelque marque du secours que la ville au-
» rait reçu en un péril si extrême. Après le
» vœu, le venin de la peste s'étouffa et n'eut
» point de suite en cette communauté, laquel-
» le reconnaissant la grâce reçue, envoya de
» ses plus notables citoyens, pour satisfaire à
» tout ce qu'elle avait promis. L'hermitage
» de S.ᵗ-Roch, qui avait été commencé, a

CHAPITRE VIII.

» été achevé par leurs bienfaits, et les armes
» de la ville y ont été posées pour faire voir
» sa gratitude à la postérité, en considération
» de la faveur signalée, qu'elle avait impé-
» trée par la faveur de la Vierge honorée à
» Bétharram (1) ».

On le voit, ce fut la reconnaissance qui porta la ville, ou, comme on disait alors, la communauté de Mont-de-Marsan à répandre ses libéralités sur la dévote Chapelle. Il en était ainsi, à cette époque, de presque tous les bienfaiteurs : ils se sentaient redevables envers la Sainte-Vierge, et ils venaient dans sa maison payer, par leurs offrandes, les faveurs spéciales qu'ils en avaient reçues. Qu'étaient-ce que ces faveurs? Disons, sans hésiter, ce que nos pères ont cru : c'étaient de vrais miracles.

Il s'opéra, en effet, des prodiges sans nombre à Bétharram, depuis le rétablissement de la Chapelle, jusque vers le milieu de la seconde moitié du 17.ᵉ siècle. Et ici, nous ne voulons point parler de ces miracles qui semblaient avoir pour but principal de soutenir l'œuvre naissante, et dont il nous a fallu faire le récit dans les chapitres précédens; nous par-

(1) Tr. des Merv. opér. à Béth. chap. 21.

lons d'une infinité d'autres faveurs surnaturelles obtenues par des personnes du monde, qui réclamaient en ce lieu la protection de la Sainte-Vierge Marie. La période de temps que nous avons assignée, est sous ce rapport aussi, la plus brillante de l'histoire de Bétharram. Aux époques suivantes, on vit encore d'admirables manifestations de la puissance divine ; mais cela fut plus rare qu'auparavant, nous devons en convenir.

Pourquoi donc les prodiges ont-ils été si multipliés au commencement, et pourquoi les temps postérieurs ont-ils été moins favorisés ? Cette question se trouve quelquefois dans la bouche de certains hommes. Mais qu'ils y prennent garde : elle a quelque chose de téméraire et d'indiscret, puisqu'elle tend à demander raison de sa conduite à la sagesse du Très-Haut, qui *seul fait les miracles,* comme disent les saintes écritures.

Essayons cependant de répondre à cette question, et sans prétendre scruter les conseils de Dieu, que nous aimerions mieux adorer en silence, disons, le plus brièvement possible, quelles nous paraissent être les raisons qui ont fait que Bétharram a vu tant de miracles aux premiers jours de sa restauration.

Nous ne dirons pas qu'alors la foi était plus vive qu'elle ne le fut dans la suite. Cette comparaison entre les époques a je ne sais quoi d'odieux, que nous voulons épargner aux fidèles des derniers temps.

Voici une autre considération qui ne blessera personne. Qu'on se rappelle l'état religieux du Béarn, lorsque Bétharram reparut comme un phare lumineux ; qu'on se représente la triste situation de cette province, où l'hérésie avait passé, pendant plus d'un demi-siècle, comme un torrent dévastateur. On peut bien dire qu'on était alors à une de ces époques, où Dieu semble se devoir à lui-même d'intervenir, en faveur de son Eglise, par des signes évidens de son amour et de sa miséricorde.

Les catholiques respiraient ; mais n'avaient-ils pas besoin d'une impulsion extraordinaire pour entrer dans la voie où la Providence les rappelait, après tant d'années de persécution et peut-être de découragement ? Bétharram, sa chapelle et son calvaire étaient visiblement destinés à être pour tout le pays un centre de lumières et de grâces. Mais ne fallait-il pas les illustrer d'abord par des grâces extraordinaires, et jusqu'à ce que les âmes fussent habituées à y reporter naturellement leur pensée, ne fallait-il pas les y attirer par les miracles, ce grand témoignage de Dieu rendu à la vérité de son culte ?

De quelle utilité surtout ne pouvaient pas être pour la conversion des hérétiques, les miracles opérés à Bétharram? Des miracles à Bétharram! n'est-ce pas la condamnation la plus formelle et la plus complète de tout le système calviniste? Des miracles à Bétharram! N'autorisaient-ils pas, ne justifiaient-ils pas, et le culte de Marie blasphémé par les sectaires, et le culte de la Croix qu'ils repoussent également, et les prières catholiques, et les sacremens et les saintes cérémonies, toutes choses qui se pratiquaient avec la plus grande solennité dans la dévote Chapelle, et contre lesquelles les Catéchismes protestants vomissaient les plus sanglantes invectives?.. Oh! qui pourra nous dire combien d'âmes furent enlevées à l'erreur par l'éclat de ces prodiges? Ce qu'il y a de certain, c'est qu'à mesure que Bétharram grandit en gloire, le protestantisme déclina de plus en plus, dans notre pays. Au temps que nous avons marqué comme le terme de la grande effusion des miracles, le parti des religionnaires n'était plus qu'un faible débris de lui-même. (1) Alors la

---

(1) D'après l'Intendant Foucauld, en 1684, il n'y avait plus en Béarn que vingt-deux mille protestants et il s'en convertit VINGT-ET-UN MILLE, en 1685. Voy. les *mémoires inédits* de Messire Nicolas-Joseph Foucault, *publiés* par M. Adhelm Bernier. Paris 1836.

foi catholique avait consommé son triomphe; elle n'avait plus besoin de prodiges, et les secours ordinaires suffisaient pour le maintien de son règne pacifique.

Telles sont peut-être les raisons qui ont dirigé la Sagesse Divine. Mais, encore une fois, nous aimerions mieux l'adorer en silence que de discuter ses desseins. Après tout, rappelons-nous que si notre foi est seulement *comme un grain de sénevé*, nous pourrons nous-mêmes obtenir de grandes faveurs. Que dis-je? de nos jours encore, il est des âmes dont la confiance a été récompensée, à Bétharram, par de signalés bienfaits. Non, la vertu d'en haut n'a pas totalement déserté ce saint lieu.

Maintenant nous laisserons-nous aller au plaisir de raconter quelques-uns des miracles qui enflammèrent la dévotion et la charité de nos ayeux? Ah! il nous semble, que quoique nous ayons promis d'être bien réservé sur ce sujet, on ne nous pardonnerait pas un silence absolu. O bonne Vierge! l'historien de votre sainte Chapelle pourrait-il sans crime taire tous les effets de votre tendresse maternelle?

Mais sont-elles bien certaines, sont-elles bien authentiques les relations merveilleuses que les anciens écrivains nous ont conservées avec tant de sollicitude? Pour se convaincre que l'on peut y croire et les admettre avec une sécurité profonde, il n'y a qu'à songer aux formes exactes et rigoureuses prescrites par l'Eglise pour la constatation des miracles.

Voici comment on procédait à Bétharram : quand le miracle était public et s'opérait, par exemple, dans la Chapelle, en présence d'un nombreux concours, on le consignait, au livre des procès-verbaux, avec toutes ses circonstances, sans que l'on craignit qu'il y eut jamais lieu à soupçonner l'illusion ou l'imposture. Si au contraire le miracle avait eu moins d'éclat, les personnes, qui en avaient été l'objet et les témoins, allaient faire leur déclaration sous la foi du serment, en présence des saints autels, et entre les mains de plusieurs prêtres, qui ne manquaient pas de faire craindre la colère de Dieu à ceux qui oseraient mentir à leur conscience et au Saint-Esprit. Peut-on demander des précautions plus scrupuleuses et plus rassurantes?

Regrettera-t-on encore que les faits que nous allons raconter soient déjà si anciens, puisqu'ils remontent à plus de deux cents ans? L'antiquité d'un fait historique n'en détruit pas la certitude. Est-ce que la plus grande partie de l'histoire du monde ne roule pas

CHAPITRE VIII.

sur des événemens déjà bien éloignés de notre époque? Et a-t-on jamais douté de l'existence des grands hommes d'autrefois, par la raison seule qu'ils ont brillé dans des temps qui ne sont plus?

Mais que faisons-nous? âmes pieuses et croyantes, nous nous sommes trop long-temps occupé des personnes qui doutent!.... Nous revenons à vous et ce sera pour ne plus vous oublier.

CHAPITRE IX.

Récit de quelques miracles. — Le perclus de Lourde. — Un petit aveugle de Nay. — M. de La Roche. — M. de Cazaux, ancien calviniste. — Madame d'Echaux. — Madame de Lauzun. — Un médecin faisant un vœu pour sa malade. — M. de Moneins et les médecins protestants.

—

Nous ne rapporterons pas dans ce chapitre, il s'en faut bien, tous les miracles qui se trouvent consignés dans les anciennes histoires de Bétharram. C'est par centaines que nos devanciers les énumèrent; et nous, fidèles aux promesses de notre *Avant-propos*, c'est à peine si nous allons en présenter sept ou huit à l'édification de nos lecteurs. Nous choisissons ceux qui offrent les particularités les plus intéressantes, soit par eux-mêmes, soit à cause des personnages qu'on y voit figurer.

Ces miracles appartiennent tous au même ordre de faits surnaturels : ce sont des guéri-

CHAPITRE IX.

sons. Qu'on ne s'en étonne pas. Dans l'Evangile aussi, la plupart des miracles de Jésus-Christ ont eu pour objet le soulagement des infirmités corporelles. On lui demandait, en témoignage de sa divinité, des *signes dans le Ciel;* mais il aimait mieux montrer sur la terre des boiteux redressés, des sourds recouvrant l'ouie, des aveugles rendus à la lumière. Le divin Sauveur connaissait le cœur humain : il savait qu'un miracle qui rend le bien-être au corps d'un homme, touche son âme vivement et la dispose à goûter les enseignemens qu'on lui propose. Dans la suite des siècles, c'est ce même genre de miracles que les Saints ont opéré le plus souvent, et l'on peut ajouter que c'est celui qui a été le plus fréquemment demandé par les hommes. Il ne faut donc pas être surpris si c'est surtout par la guérison des malades, que la bonté divine s'est manifestée à Bétharram. La sainte Vierge n'est-elle pas d'ailleurs appelée par l'Eglise, le *salut des infirmes ?*

Voici un premier fait qui eut pour témoins une multitude de personnes : le 12 avril 1631, veille des Rameaux, un homme de Lourde, âgé de 45 ans, et nommé Guillaume Martines, lequel depuis plusieurs années était, au vu de tous ses compatriotes, privé de l'usage de ses jambes, conçut le désir de suivre les pélerins qu'il voyait aller en grand nombre à Bétharram et s'y rendit, comme il put, à l'aide de deux potences. Il arrive à la Chapelle plein d'espoir. Quand la procession commence à monter vers le Calvaire, le pauvre perclus se traîne à la suite. A la station du Jardin des Olives, qui se trouvait alors au lieu qu'occupe aujourd'hui la seconde chapelle, il lui semble, en finissant sa prière, que ses pieds se raffermissent. Il essaye de marcher sans appui, et, en effet, le voilà capable de suivre la procession jusqu'au sommet de la montagne, portant sur soi, comme un trophée, les échasses qui le portaient auparavant. A son départ, il les laissa dans la Chapelle, et revint à Lourde parfaitement guéri.

Il n'était pas rare de voir s'opérer à Bétharram de ces guérisons soudaines. Mais ce n'était pas seulement aux prières des malades eux-mêmes qu'elles étaient accordées. Il arrivait aussi, que, comme on le voit souvent dans l'Evangile, ces sortes de miracles étaient le prix des larmes et des démarches de quelque ami ou de quelque parent. C'est ce qui eut lieu, en 1622, pour la guérison d'un petit aveugle de Nay. Sa mère, Jeanne Sauveta, avait inutilement employé les remèdes naturels pour lui rendre la vue dont il était privé depuis l'âge de trois ans. Elle fit vœu de le porter à la chapelle de Notre-Dame, ce qu'elle exécuta le jour des Rameaux. Après qu'elle eut fait ses dévotions, comme elle sortait de l'Eglise, l'enfant se trouva guéri tout-à-coup. Il y eut dans cette merveille un touchant à-propos : le premier objet que le petit infirme aperçut en recouvrant la vue, fut la branche de palmier que sa mère tenait dans sa main, à cause de la solennité du jour. Il le prit avec vivacité en s'écriant : *Beth arram !* ce qui, comme nous l'avons dit, signifie beau rameau, dans la langue du pays.

Il n'était pas toujours nécessaire de venir implorer dans sa chapelle la Vierge compatissante. Souvent, on se la rendait propice de bien loin et par le simple vœu qu'on faisait de l'honorer de quelque manière à Bétharram.

Ecoutons Marca : « M. de La Roche, con-
» seiller au Parlement de Bordeaux, d'une
» singulière et notable piété, ayant, selon le
» désir des parents, conçu de bons desseins
» pour un sien fils qu'il aimait tendrement,

» fut extrêment surpris, lorsqu'il le vit at-
» teint d'une maladie, que les médecins con-
» sultés assurèrent n'être pas curable par les
» remèdes de leur art. C'est pourquoi il se
» trouva obligé d'avoir recours aux moyens
» extraordinaires, puisque les forces natu-
» relles que Dieu a départies aux simples pour
» le soulagement des maladies étaient courtes
» en celle-ci. Il fit donc vœu d'offrir son fils
» à Dieu et à Notre-Dame en la chapelle de
» Bétharram *pour y servir une année*, sans
» conditionner autrement ce vœu. Il faudrait
» s'étonner du succès, si la fréquence de
» semblables événemens ne rendait la mer-
» veille familière. Aussitôt que le vœu fut
» prononcé, le fils ne se ressentit non plus
» de cette infirmité que s'il n'en eût jamais
» été touché; et le père ne manqua pas de
» satisfaire à sa promesse, l'envoyant à Béth-
» arram en l'année 1626. — Lequel, ajoute
notre grand historien, « jouit maintenant
» d'une très-bonne disposition, ainsi que des
» emplois que sa naissance lui faisait espérer,
» ce dont il a tout autant de ressentiment
» d'obligation envers cette Mère de miséri-
» corde, comme il en a de sujet. »

Dans l'exemple qui suit, on va voir comment le Seigneur voulut fortifier la dévotion d'un nouveau converti, et avec quelle exactitude il importe d'accomplir ses vœux.

M. de Cazaux, conseiller au Parlement de Navarre, était né protestant. Ramené, par la grace de Dieu, au sein de la véritable Eglise, il lui resta de ses anciens principes un fond de prévention contre le culte de la Sainte-Vierge : il ne pouvait croire en particulier tout ce que l'on publiait des miracles opérés par l'intercession de Notre-Dame de Bétharram. Or, voici ce qui lui arriva, d'après ce qu'il rapporta lui-même, dans une lettre déposée aux Archives de la Chapelle. Son fils aîné perdit la vue d'un œil, et les médecins avouèrent la faiblesse de leur art contre cette maladie. M. de Cazaux fut désolé. Alors, sa femme le porta, par ses insinuantes paroles, à vouer leur enfant à la protection de la Très-Sainte-Vierge. Dans ce dessein, ils se rendirent l'un et l'autre à Bétharram, où ils firent ensemble les dévotions ordinaires. Le lendemain, comme ils se retiraient, un messager vint leur apporter, à Nay, la bonne nouvelle que l'œil de l'enfant était découvert et sa vue remise. Cette expérience ne pouvait pas manquer d'exciter dans le cœur de M. de Cazaux une grande confiance en la puissance de la

Mère de Dieu. Aussi, quelques années après, le même enfant étant tombé très-dangereusement malade à Bordeaux, où il se trouvait avec toute sa famille, on fit vœu de le conduire à Bétharram, pour qu'il y fît sa première communion. L'enfant guérit; mais les parens trop préoccupés de leurs affaires, négligèrent d'accomplir leur vœu. L'enfant retomba malade, au bout de quelques mois, à tel point, que le jour du Vendredi-Saint de l'année 1638, il demeura onze heures sans parler. Déjà on faisait quelques préparatifs pour les funérailles. Cependant M. et Mme de Cazaux, quoiqu'ils ne pussent se rappeler sans rougir leur vœu de l'année précédente, ne craignirent pas de le renouveler, et ils essayèrent encore de fléchir le Ciel par leurs larmes et leurs gémissemens. La bonne Vierge vint à leur secours. La santé du malade se rétablit sans aucune crise. Et cette fois, on se hâta d'accomplir les vœux.

Dans les miracles qui précèdent, ce sont des parens qui offrent des vœux à Dieu, par la médiation de la Sainte-Vierge, en faveur d'un enfant chéri. Nous allons maintenant en rapporter d'autres où ce sont au contraire les enfants qui prient pour une tendre Mère.

CHAPITRE IX.

Le fait suivant se passa dans l'une des plus anciennes et des plus illustres familles de la Basse-Navarre. Nous voulons parler de la famille d'Echaux, si justement glorieuse de ses alliances, à laquelle l'Eglise a dû de grands Prélats, et dont les vertus héréditaires étaient bénies des peuples dans toute la vallée de Baygorry, où se trouvaient ses principaux domaines. Le miracle qu'on va lire s'opéra en faveur de la Noble Dame de cette famille : c'est elle-même qui le raconte, dans un récit plein de charmes :

Je soussignée, vicomtesse d'Echaux, sénéchale de Béarn, atteste qu'étant tombée malade, en notre maison d'Echaux, au Royaume de Navarre, diocèse de Bayonne, et en telle extrémité que depuis le vendredy à onze heures avant midy, jusqu'au lundy matin, je demeurai absolument sans pous et froide comme glace : et ayant reçcu tous les sacremens, je fus abandonnée des Médecins ; de sorte que les aliez de la maison furent priez de venir assister à mon enterrement ; et l'on ne me donnait plus aucune nourriture, si ce n'est que, pour rafraîchir ma langue et ma bouche que j'avais pleine d'ardeur, l'on me donnait à succer un linge trempé dans de la tisane, ne pouvant à cause de ma grande faiblesse lever la tête pour boire dans le verre, ny me servir d'un biberon, ni mesme avaler de l'eau. Mon fils ayné, lors âgé de douze à treize ans, se jetta de son propre mouvement à genoux, invoquant la Glorieuse Vierge à mon secours, luy faisant vœu, que si, par son intercession, elle obtenait de son cher Fils la santé pour moy, je viendrai, en ce saint lieu de Betharam, luy en rendre graces; et redoubloit souvent ses paroles : elle y ira, Mon Dieu; elle y ira, je vous le promets. Ce qui fut entendu de tous ceux qui étaient en ma chambre; et dès-lors, on remarqua que mon mal n'alla plus en empirant et bientôt après on espéra de ma vie, contre l'opinion de tous ceux qui m'avaient veue. Et l'action de mon fils, avec le vœu qu'il avait fait, m'ayant été racontée, je l'autorisai de tout mon cœur de mon consentement. Et suis venue en ce saint lieu pour remercier Dieu, et la Sainte-Vierge de la santé que par son intercession j'ai recouvrée. Fait à Notre-Dame du Calvaire de Bétharram, le 28 May, 1640. Louise d'Uza, vicomtesse d'Echaux. — P. Saint-Martin Rutié, et Cathérine Rutié furent présens à cette déclaration, aussi bien qu'à tout ce qu'elle contient.

Voici encore de beaux noms et un grand

miracle. Nous avons déjà nommé Madame la comtesse de Lauzun, en parlant des bienfaiteurs de Bétharram. C'est d'elle-même qu'il s'agit ici. Cette Dame, issue de l'illustre famille de Gramont, fut atteinte, l'an 1626, d'un mal si grave à la main, que, la gangrène s'y étant mise, on ne vit plus de ressource que dans une amputation. Madame la comtesse de Curson, sa fille, la voyant réduite à cette douloureuse extrémité, la recommanda aux bontés de la sainte Vierge, et fit vœu de placer sur l'autel de la dévote Chapelle un bras d'argent, si sa mère revenait d'un si périlleux état. Le vœu fait, on leva l'appareil et l'on trouva que la gangrène s'était arrêtée. Madame de Lauzun fut entièrement guérie peu de jours après et sa fille envoya le bras d'argent à la Chapelle, où il se trouvait encore avant la révolution parmi une infinité d'autres monumens de la reconnaissance des fidèles.

On est heureux de reconnaître, par des exemples de ce genre, tout ce que peuvent devant Dieu, les uns pour les autres, les divers membres d'une famille chrétienne. Mais qui ne serait édifié de voir les médecins eux-mêmes, forcés de reconnaître l'impuissance de leur art, recourir aux moyens surnaturels pour la guérison de leurs malades et faire aussi un vœu à Notre-Dame de Bétharram? Lisez le certificat suivant d'un des plus habiles médecins du Béarn :

Je soubs-signé atteste que le 18 du Mois de Mars 1627 traitant la Dame de La Forcade, d'Uscin, diocèse de Lescar, travaillée d'un très-grand flux de sang, par suite de ses couches, ayant désespéré de sa propre santé par les forces des remèdes de la nature, voire même agonisante et si foible que je désespérois de sa vie, ayant perdu la parole depuis le matin jusqu'à six heures du soir : avant de mourir, on lui fit faire un vœu à Notre-Dame de Bétharram. Et j'en fis autant, promettant à Dieu que, si par sa bonté il lui faisait la grace d'en relever, elle y viendrait faire ses dévotions, et moy aussi. Incontinent le vœu fait, elle déclara n'avoir point de mal et en effet se porta très-bien. Et ce jourd'hui, 7 Avril 1627, Dieu m'a fait la grace de rendre le vœu que j'avais fait ; en foy de quoy me suis signé : A. de Sans, *Médecin en Béarn.*

Terminons tout ce détail par un dernier événement, où des médecins qui appartenaient à la prétendue réforme furent contraints d'admettre un vrai miracle. Nous empruntons encore les propres paroles de Marca :

« M. de Moneins, conseiller en la cour
» du Parlement de Bordeaux, doué de toutes
» les bonnes qualités qui rendent recomman-
» dable un homme de sa profession, fut
» frappé d'un gros et noir charbon sur les
» reins. » La plaie était affreuse, la chair bleuâtre et plombée; la gangrène menaça de se déclarer. « Le malade, se trouvant réduit
» en tel état que les médecins et chirurgiens
» qui le traitaient n'en attendaient que la
» mort, s'avisa de se recommander aux priè-
» res de la Vierge et d'adresser spécialement
» sa recommandation à Beth-aram. Il désira
» pour cet effet que le sieur Charpentier,
» supérieur de la Chapelle, qui était pour
» lors à Bordeaux, dit la Messe en la chapelle
» particulière de la maison du malade, où il
» communierait à cette intention. L'événe-
» ment fut admirable. Car après cette dévo-
» tion, l'appareil étant ôté de la plaie, les
» médecins qui la traitaient furent étonnés
» d'en voir la chair si belle et vermeille, avec
» les signes d'une prompte guérison. Ce
» qu'ils déclarèrent ingénuement n'être point
» arrivé par la vertu des médicamens, et qu'en
» ce changement ils y reconnaissaient un mi-

» racle. Cette déclaration fut d'autant plus
» agréablement reçue, qu'ils ignoraient le
» vœu qui avait été fait et qu'ils professaient
» la religion prétendue réformée, laquelle
» les oblige de ne reconnaître point aucune
» efficace aux prières de la Vierge, qui a
» voulu, en cette occasion, retirer de la bou-
» che des adversaires la preuve de ses mer-
» veilles. »

Qu'on nous permette de transcrire ici et de nous approprier les paroles d'un Ecrivain de nos jours, déjà cité (1) : « Nous voyons avec peine ceux qui reçoivent des faveurs signalées aux Pélerinages de la Vierge, se borner, pour l'ordinaire, à en conserver la mémoire dans des souvenirs de famille. Que ne les manifestent-ils, avec toutes leurs circonstances, aux ministres du Seigneur, gardiens du sanctuaire, afin que la Mère de Miséricorde en soit glorifiée et que la confiance de ses serviteurs croisse en proportion de ces bienfaits? Le docteur d'Hippone ne se bornait pas là. Innocentia, dame pleine de piété, avait été

---

(1) *Les Pélerinages aux sanctuaires de la Mère de Dieu. Disc. Prélim.*

guérie miraculeusement d'un cancer qui lui rongeait le sein. Elle avait négligé de donner de la publicité à cet heureux événement. Saint Augustin, en ayant été informé, lui en adressa des reproches, et il lui fit raconter, devant plusieurs témoins, tout ce que Dieu avait opéré en elle. » Puisse cet ouvrage, entrepris pour la gloire de Marie, exciter aussi tous ceux à qui elle a confié la garde de son sanctuaire à recueillir avec exactitude les témoignages de bonté qu'elle ne cesse d'y donner ! On vient de voir que c'est ainsi qu'on agissait autrefois.

CHAPITRE X.

Consécration de la Chapelle de Bétharram. — Nouveau Calvaire. — Décadence de la Congrégation. — Elle se ranime par l'arrivée de nouveaux prêtres. — Le bien qui se faisait à la fin du XVIIIe siècle.

—

Bénie de Dieu et des hommes, l'œuvre de Bétharram avait rapidement prospéré au-delà de tout ce qu'on pouvait attendre. Nous avons dit en quel état elle se trouvait, à la mort de Charpentier. Les premiers fondateurs avaient été heureusement remplacés par des hommes recommandables sous tous les rapports; le concours des fidèles augmentait chaque jour. La maison offrait aux prêtres et aux pélerins une habitation suffisante et commode. Il ne restait plus qu'à voir terminer les travaux entrepris pour l'agrandissement et la décoration de l'Eglise.

En 1658, le poète Bastide hâtait de ses vœux l'accomplissement de ce dernier ouvrage. Pressez-vous donc, disait-il aux artistes, et que votre main plus rapide termine au plus tôt ce qu'elle a si bien commencé (1). Il lui fut, enfin, donné de voir dans tout son éclat le saint Oratoire de sa bonne Mère. La voûte reçut le dernier coup de pinceau dans le cours de l'année 1661, quarante ans après l'établissement de la Congrégation, sous la conduite de Charpentier.

La nouvelle Eglise fut consacrée, avec une très-grande pompe, par M. Du Haut-de-Sallies, successeur de Henri de Salettes, sur le siége de Lescar. C'est ainsi que les Evêques semblaient se léguer les uns aux autres la plus tendre affection pour Bétharram.

A partir de ce moment, les faits commencent à nous manquer. Bétharram était parvenu au plus haut point de sa gloire; l'institution de Charpentier avait acquis une solidité réelle; il ne fallait plus que la soutenir en marchant sur les traces des premiers missionnaires. On y marcha fidèlement, mais sans bruit. Voilà pourquoi l'histoire nous fournit peu de détails sur la fin du dix-septième siècle et la première moitié du suivant. Tel est le sort de beaucoup de bonnes œu-

(1) .... Vos cœtera promptâ,
Artifices, properate manu....... Pars 2.ᵃ, LXXI.

vres : leurs commencemens, quand ils ne se perdent pas dans la nuit des âges, sont mêlés de circonstances plus ou moins intéressantes; puis, quand elles sont pour ainsi dire assises sur elles-mêmes, elles entrent dans une espèce de calme, dont les contemporains goûtent les douceurs, mais où la postérité ne découvre pas ces incidens nouveaux qui piquent la curiosité humaine.

Ce que l'on connait de plus remarquable dans la période que nous venons d'indiquer, c'est que l'on reconstruisit le Calvaire, vers l'année 1705, époque où Baratnau était supérieur. On ne s'écarta pas de la première idée de Charpentier ; on ne fit que la réaliser sur un plan beaucoup plus beau. Cette entreprise épuisa presque toutes les ressources de la petite communauté. Un de ses membres, Louis Nougaro, de Monein, y consacra, pour son compte, la majeure partie d'un très-riche patrimoine.

Cependant la dévotion des peuples se soutenait toujours. De son côté, la Congrégation demeura florissante et nombreuse, tant qu'elle persévéra dans l'esprit de la règle. Mais par malheur, quelques chapelains cessèrent un jour de pratiquer le désintéressement qui est l'âme des sociétés religieuses.

Ils voulurent s'approprier tout ce qui leur était donné en honoraire dans les diverses paroisses où ils allaient prêcher des missions. C'était là, aux yeux des autres, une grave infraction aux statuts. A la vérité, la règle de Bétharram, qui n'imposait pas la pauvreté absolue, ne disait pas non plus d'une manière formelle à qui appartenaient les recettes provenant des missions. Mais il était clair, disaient les plus fervens, que les ouvriers Evangéliques, n'allant dans les paroisses qu'au nom de la communauté, ne pouvaient par là même rien recevoir qu'en son nom et pour elle, d'autant plus qu'elle était chargée de les entretenir sains et malades, comme dit la Règle, dans la vieillesse, aussi bien que dans la jeunesse et l'âge mur.

Ce conflit ne jeta pas seulement le trouble dans la petite société : il faillit en amener la ruine. On peut présumer que l'autorité épiscopale intervint et qu'elle renvoya les prêtres qui se montraient indignes de leurs généreux prédécesseurs. Ce que l'on sait positivement, c'est qu'en 1757, la Congrégation ne comptait plus que quatre membres.

Il arriva même que ce nombre fut réduit à trois, mais pour un motif honorable et dans des circonstances qui offrent quelque chose

de touchant. Pierre Dupont était supérieur. Le premier de ses confrères, Laurent de Lamaison, crut que des intérêts de famille l'obligeaient de se retirer à Pau, au moins pour quelque temps. Il fit part de son projet aux autres chapelains réunis en chapitre. « Cette
» détermination, disent ceux-ci dans le livre
» des procès-verbaux, nous a mis tous dans
» une consternation d'autant plus grande,
» que nous craignons de perdre un confrère
» que nous avons toujours aimé et estimé, un
» confrère qui nous faisait honneur à tous
» égards, depuis sept ans qu'il était au milieu
» de nous. » Les instances qui lui furent faites n'ayant pu le retenir, on le pria de vouloir au moins garder le titre de chapelain, d'aider toujours ses confrères de ses bons conseils, de se trouver, autant qu'il le pourrait, à leurs solennités et à leurs missions. Il le promit, et on lui donna la déclaration suivante :

« .... Nous avons promis, comme nous
» promettons au sieur de Lamaison, de ne
» regarder sa sortie que comme une absence,
» qu'il sera toujours notre confrère et le bien-
» venu ici, que nous le recevrons en tout
» temps, tant en santé qu'en maladie, lors-
» qu'il lui plaira nous faire l'honneur de nous

» rejoindre ; que nous ne ferons rien d'im-
» portant et surtout que nous ne donnerons
» jamais aucun titre de chapelain ni d'agrégé,
» sans avoir préalablement son suffrage ; en
» un mot, que nous le regarderons toujours
» comme présent parmi nous. Ce sont les
» vrais et sincères sentimens que nous avons
» et aurons toute notre vie pour notre dit
» confrère de Lamaison, mais pour lui seule-
» ment, et sans tirer à conséquence pour
» l'avenir..... (1). »

Ce langage et ces priviléges, auxquels l'évêque de Lescar donna son approbation, font
concevoir une haute idée de celui qui en était
l'objet, et montrent en même temps le désir
qu'on avait de le conserver : mais il n'en fut
pas moins perdu sans retour. Car deux ans
après, comme il avait accepté les fonctions
d'aumônier des religieuses de Notre-Dame de
Pau, son évêque décida que cette place était
incompatible avec le titre de chapelain de
Bétharram. Alors Lamaison, encore retenu
par les mêmes affaires, opta pour l'aumone-
rie et se démit pour toujours de son titre de
chapelain.

Il est visible que trois prêtres ne suffisaient
pas pour soutenir l'œuvre de Bétharram, qui,

(1) *Manuscrit*. Archiv. Départ., Liasse 13.

comme nous l'avons vu, embrassait, outre le soin des pélerins et les missions, l'administration des paroisses de Lestelle et de Montaut. Elle paraissait donc être à son déclin ; une décadence inévitable semblait la menacer, lorsque le Seigneur Jésus et sa Sainte Mère lui portèrent un secours inattendu. Des hommes apostoliques arrivèrent tout-à-coup des diocèses environnans, et ce qui rendait leur venue plus consolante pour les âmes pieuses, c'est qu'en s'attachant au service d'une pauvre chapelle, ces hommes renonçaient pour la plupart à de riches bénéfices.

C'était en 1763 et 1764. Il n'y avait pas long-temps que le Parlement de Navarre, entraîné, malgré lui peut-être, par le fatal exemple du Parlement de Paris, avait expulsé les Jésuites du Béarn. Ce n'est pas ici le lieu de relever toutes les calomnies dont ces dignes religieux furent les victimes : il suffit de dire qu'aussitôt après leur condamnation, on s'aperçut, parmi nous comme ailleurs, du vide immense qu'ils laissaient dans l'éducation publique et dans les chaires chrétiennes.

Les Barnabites et les Bénédictins s'efforcèrent de remplacer dans les colléges les habiles maîtres qu'on venait de proscrire. Mais quels étaient les hommes appelés à leur succéder dans le ministère de la prédication? C'est à la petite société de Bétharram que revint cette partie de leur glorieux héritage.

Ce fut donc par une attention bien manifeste de la Providence divine en faveur du Béarn, qu'au moment où les Jésuites en sortaient, Bétharram reçut un renfort de nouveaux missionnaires, capables d'évangéliser nos villes et nos campagnes. Admirable destinée de cette maison! Le feu sacré s'y est ranimé toujours, au moment précis des plus graves besoins du pays.

Dans cette nouvelle génération de Bétharramistes, il convient de signaler entre tous, M. Cassiet, natif, à ce que nous croyons, du village de Montaut, en Chalosse. Jeune encore, il était passé, comme missionnaire, dans le Canada, où son zèle obtint, parmi les sauvages de l'Amérique, des succès merveilleux, jusqu'à ce que, les Anglais s'étant rendus maîtres de cette belle colonie en 1760, il fut contraint de revenir en France. Gratifié, à son retour, d'une pension royale de 400 livres, et pourvu de plusieurs bénéfices, il aurait pu mener une existence aussi paisible qu'honorable suivant le monde. Mais son cœur de prêtre soupirait sans cesse après le salut des âmes: il s'estima heureux d'entendre parler de l'œuvre de Bétharram et de pouvoir s'y attacher pour toute sa vie.

Après M. Cassiet, nous devons mentionner encore M. Touton. Celui-ci fut surtout un habile administrateur. Pendant vingt-six années de séjour à Bétharram, il y fit de grandes augmentations, sacrifiant pour cela plus de trente mille livres de son avoir personnel. Nous lui devons une petite histoire de la Chapelle.

Le zèle des nouveaux prêtres de Bétharram répondit à toutes les espérances que leur arrivée avait fait naître. En peu de temps, leur nom fut béni et vénéré dans toute la province et jusque dans les pays d'alentour. Aussi les peuples applaudirent-ils avec transport au témoignage que l'évêque de Lescar rendit publiquement à ces bons missionnaires, dans une de ces occasions solennelles qui font époque dans l'histoire d'un diocèse.

Voici quelle fut cette occasion. En 1776, une affreuse mortalité de bestiaux ravageait les provinces du Midi de la France, et se faisait sentir en Béarn d'une manière encore plus désastreuse. Les secours envoyés par le Roi se trouvant insuffisants pour remédier à ce fléau, M.gr l'évêque de Lescar, qui était alors le célèbre Marc-Antoine de Noé, imagina une souscription publique, à la tête de laquelle il se mit généreusement, et qu'il annonça par une longue Lettre Pastorale, chef-d'œuvre d'éloquence et de sensibilité. Dans ce Mandement, tout-à-la-fois religieux et politique, le prélat fait un appel touchant aux diverses classes de fidèles. Il s'adresse en particulier au clergé de son diocèse, et plus particulièrement encore aux communautés religieuses. Les abbayes de Sauvelade, de Pontaut et de La Reüle, la Congrégation des Barnabites entendent tour-à-tour les sollicitations les plus pressantes. Puis, quand il arrive à notre chère communauté, M. de Noé s'exprime en ces termes, les seuls qu'on puisse adresser, dans les calamités publiques, à de véritables Apôtres :

« Missionnaires de la chapelle de Notre-
» Dame de Bétharram, qui, sans vous attacher
» à aucune portion du troupeau, en
» partagez avec nous la sollicitude générale,
» qui, tantôt sur les pas des Apôtres, courez
» après le pécheur, et tantôt au pied de la
» Croix sur le Calvaire, attendez que la grace
» et le remords vous le ramènent : vos bras,
» comme ceux du Sauveur, sont toujours
» étendus pour recevoir la foule qui s'empresse
» et qui s'accuse. Mais que vous avez

» peu d'instants pour sonder tant de plaies
» et discerner tant de pécheurs ! Que du
» moins la charité, qui est l'abrégé du chré-
» tien, soit l'épreuve abrégée du pénitent;
» dites aux pécheurs de racheter leurs péchés
» par l'aumône ; que leurs dons plus abon-
» dants soient la preuve de leur repentir et
» le garant de leur persévérance. A leurs
» offrandes, joignez encore les vôtres, et
» venez grossir le tribut que nous levons pour
» le soulagement de nos frères (1). »

La lettre pastorale de M. de Noé fut lue dans toutes les paroisses, et les populations de la campagne ne purent apprendre, sans se livrer à l'espérance, que dans leur détresse on leur donnait pour avocats auprès des riches les missionnaires de Bétharram. Nous ne connaissons pas les sommes qui furent recueillies par leurs soins ; mais il y a lieu de croire qu'elles montèrent assez haut, parce que ces bons prêtres inspiraient dans tout le pays la plus grande confiance.

Ce n'est pas sans raison que l'éloquent évêque de Lescar les représente tantôt courant après les pécheurs et tantôt les attendant au

---

(1) *Recueil de différ. ouvrag. de* M. DE NOÉ, *Év. de Lescar*, Londres 1801. Lett. pastor. sur l'épizootie, pag. 74.

pied du Calvaire. Telle était en effet leur vie. « Ils employaient, suivant les expressions du même Prélat, la moitié de l'année à faire des missions, et le reste du temps ils entendaient les confessions d'une foule innombrable qu'attirait la célébrité du lieu. » Dès qu'on approchait de l'hiver, où les pélerinages, rendus difficiles par les rigueurs de la saison, n'amenaient que peu de monde à Bétharram, la plupart des missionnaires partaient. Les uns se rendaient seuls dans certaines villes pour prêcher des stations d'Avent ou de Carême, tandis que les autres se rendaient en nombre dans les paroisses rurales (1) où ils demeuraient jusqu'à ce que la grace de Dieu eût converti les âmes les plus rebelles. Vers le milieu du printemps, ils rentraient dans leur solitude, et après quelques jours, non pas de repos, mais de recueillement et

(1) Il y avait des missions fondées et qui revenaient à des époques déterminées, les unes dans des lieux fixes, les autres arbitraires. Ainsi il y en avait une à Moncin, tous les huit ans, par fondation de Louis Nougaro, ancien chapelain. De même à S.ᵗ-Pé, par fondation du sieur Larroque, ancien militaire. En 1783, Marie Palengat, de Coarraze, fonda une mission de trois semaines, et avec trois prêtres, à donner où l'on jugerait à propos, de six en six ans, etc. *Etat des fondations de Bétharram. Manuscrit.* Arch. départ.

de prières, ils donnaient leurs soins aux personnes qui venaient en dévotion à la Chapelle.

C'était dans cette dernière partie de leur ministère qu'ils éprouvaient le plus de consolation. On le comprendra, si l'on songe qu'alors ils étaient dans le sanctuaire de Marie, auprès du Calvaire de son divin Fils. « La
» chapelle de Bétharram, disait l'un d'entre
» eux, a ceci de particulier que personne
» n'en sort sans être touché de sentimens de
» piété et de religion, à moins d'avoir le
» cœur totalement perverti, comme une infi-
» nité de personnes dignes de foi l'ont assuré
» avec toute la sincérité dont elles étaient
» capables. De là vient aussi, ajoute le même
» écrivain, que tant de malheureux pécheurs
» vont y rectifier leurs consciences, en y fai-
» sant des confessions générales ou extraor-
» dinaires. La seule vue de ce que J.-C. a
» souffert sur le Calvaire les touche et leur
» fait concevoir une sainte horreur pour
» toute sorte de péchés (1). »

Les chapelains de Bétharram n'encourageaient point toutefois les concours extraordinaires. Ils aimaient mieux voir arriver les

---

(1) *Hist. de la chap. de N.-D. de Bétharr.*, par Touton, chap. 17.

CHAPITRE X. 181

pélerins en petit nombre, non-seulement parce qu'on pouvait alors faire fructifier à loisir, au fond des âmes, les bonnes dispositions que la grace y mettait, mais encore et surtout à cause des dangers qui s'attachent aux voyages que l'on fait en commun. C'est le sentiment qu'exprime l'auteur que nous venons de citer, missionnaire lui-même :

« Peut-on voir sans indignation, s'écrie-t-il,
» tant de jeunes gens de l'un et de l'autre
» sexe courir en foule à Bétharram ou en
» d'autres endroits de dévotion, les uns par
» curiosité, les autres par compagnie ou par
» des motifs encore plus criminels ; ce qui
» est une espèce de sacrilége qui rend ces
» voyages des plus funestes et un sujet de
» condamnation au redoutable tribunal de
» Dieu ? »

On voit, par ce langage énergique, quel était le zèle des Bétharramistes pour écarter, autant qu'il était en eux, les abus qui peuvent gâter les pélerinages, comme ils gâtent souvent les meilleures choses. Le Ciel récompensait leur sagesse, en amenant à eux, tous les jours de la semaine et surtout les dimanches ordinaires, un certain nombre d'âmes choisies, poussées par le seul désir du salut, et qui, venues de divers points, ne pouvaient pas être un sujet de scandale les unes pour les autres.

Au reste, les pélerins qui allaient ainsi à Bétharram dans des jours, autres que ceux des grands concours, n'étaient pas entièrement privés du plaisir d'assister aux saintes cérémonies de la Religion. Car, d'après la Règle, on chantait la Messe et Vêpres tous les jours, et chaque dimanche on mettait à la célébration des Offices une solennité qui ne se voyait pas dans les autres églises. Le chant était exécuté dans notre dévote Chapelle avec un goût remarquable, par plusieurs enfans de chœur très-bien élevés. On rapporte que quand les missionnaires rencontraient dans les paroisses quelque enfant qui joignait à une belle voix un esprit ouvert et de la sagesse, ils faisaient en sorte de l'attirer à Bétharram, et d'ordinaire les parens s'empressaient d'y consentir. Ces enfans étaient des espèces d'*oblats*, comme on en voyait jadis dans les grands monastères. Ils servaient à l'autel. On cultivait soigneusement leurs bonnes dispositions, et si l'on trouvait en eux de l'aptitude pour les fonctions sacerdotales, on les initiait aux élémens de la science ecclésiastique. Plusieurs d'entre eux devinrent d'excellens prêtres.

CHAPITRE X.

Beaucoup de parens aimaient aussi à venir consacrer leurs enfans en bas-âge à la Reine des Anges. Cette pratique, en appelant sur ces jeunes âmes des graces précieuses, y déposait des impressions qui ne s'effaçaient jamais. On a vu des hommes qui, revenus à une conduite religieuse, après une longue vie d'indifférence et de désordres, ne pouvaient s'expliquer à eux-mêmes l'impulsion qui les ramenait à Dieu, qu'en se rappelant qu'ils avaient été présentés dans leur enfance à Notre-Dame de Bétharram.

Mais pendant qu'il se passait des choses si édifiantes en un petit lieu retiré aux pieds des Pyrénées, de l'autre côté de la France on voyait se préparer un orage terrible qui allait tout renverser. L'esprit d'impiété et de révolte avait fait des progrès immenses depuis vingt-cinq ans, et ces vingt-cinq années qui avaient été si heureuses pour Bétharram, devaient être suivies des plus affreux malheurs.

Nous sommes arrivés à l'époque de la Révolution Française. La dévote Chapelle va nous demander encore des larmes.

CHAPITRE XI.

Des principaux événemens dont Bétharram a été le théâtre pendant la Révolution Française. — De ce qu'il a été après la restauration du Culte. — De son état actuel.

—

Au moment où la Révolution Française éclata, il y avait six chapelains à Bétharram ; c'étaient MM. Cassiet, Commet, Touton, Lafourcade, Menudé et Dupuy. M. Bonno venait de mourir.

Le premier effet qui résulta pour eux de cette révolution naissante, ce fut l'interruption de leurs travaux apostoliques. Vint ensuite (2 novembre 1789), le décret de l'Assemblée nationale, qui, au mépris de toutes les lois divines et humaines, déclara *que les biens du Clergé seraient mis à la disposition de la nation.* Alors commença une spoliation générale dans tout le royaume. Bétharram ne pouvait pas se soustraire au désastre commun ; il se vit dépossédé de tous les biens qui lui venaient de la charité publique, et surtout de la générosité des prêtres qui s'y étaient retirés depuis plus d'un siècle et demi.

La chapelle de Bétharram n'était pas riche. Ses revenus ne montaient pas à 10,000 fr. et elle avait de très-grandes charges. Mais, avec ces modiques ressources, elle faisait un bien immense qu'on arrêtait tout-à-coup, par une mesure sans exemple dans le Royaume très-chrétien.

Heureuse encore, si elle avait pu conserver sa pieuse Congrégation ! Mais, dès l'année suivante, c'est-à-dire, au mois de juillet 1790, l'assemblée révolutionnaire, s'engageant de plus en plus dans la voie des iniquités, vota la trop fameuse Constitution civile du Clergé. Or, dans cette loi se trouve un article qui supprime les *Chapelles et Chapellenies*.

Bétharram ne pouvait donc plus subsister, même pauvre et sans éclat. Il devait voir cesser tous les saints exercices qui faisaient sa véritable gloire. M. Cassiet essaya de parer ce coup fatal, en adressant une pétition touchante aux Administrateurs du département des Basses-Pyrénées. Après avoir rappelé les commencemens de la dévote Chapelle, ainsi que les fondations obituaires que la piété des fidèles y avait établies, il ajoutait : « Personne

» ne sait mieux que vous, Messieurs, com-
» bien les dernières volontés sont sacrées, et
» qu'il y aurait de l'injustice à frustrer les
» testateurs du bien spirituel qu'ils ont eu en
» vue en se dépouillant de leurs biens tem-
» porels. Leurs personnes ne sauraient vous
» être étrangères : ce sont vos pères, vos
» concitoyens, vos amis. Il en est même plu-
» sieurs dont les noms sont infiniment res-
» pectables : les Rébénacq, les Poyanne, et
» Anne d'Autriche, cette auguste compagne
» de Louis-le-Juste, fils du Grand Henri.
» Or, ces fondations si pieuses et si utiles ne
» peuvent avoir lieu si Bétharram ne subsiste
» en corps de Congrégation.

» A cette raison qui démontre avec évi-
» dence la nécessité d'accueillir les suppliants
» se joint encore un autre motif bien propre
» à faire impression sur des âmes religieu-
» ses. Nos prédécesseurs, vers le commence-
» ment de ce siècle, épuisèrent toutes leurs
» ressources pour faire construire un Cal-
» vaire, monument précieux d'un des plus
» grands mystères de notre religion. Toutes
» les circonstances de la Passion de Notre
» Divin Maître y sont représentées avec une
» énergie qui arrache des larmes de com-
» ponction à tous ceux qui visitent les diver-

» ses Chapelles consacrées à cet effet. Que
» de pécheurs y sont venus depuis la fonda-
» tion et y viennent tous les jours pleurer
» leurs égaremens, déposer leurs habitudes
» criminelles et goûter cette paix qui ne se
» trouve que dans la pratique du bien ! Qu'on
» supprime notre association, le Calvaire pé-
» rira faute d'entretien, et on laissera tarir
» cette source où tant de personnes vont
» puiser des consolations et des vertus.

» Enfin, Messieurs, et ceci mérite quelque
» considération, les suppliants n'ont acheté
» leurs droits à Bétharram que par des sacri-
» fices. Ils se sont dépouillés, avant de s'y
» retirer, des bénéfices-cures dont ils étaient
» pourvus....; il ne leur suffit pas de remplir
» avec exactitude les pieuses intentions de
» leurs fondateurs, de célébrer journelle-
» ment en commun les divins offices et de se
» prêter en tout temps aux besoins spirituels
» des fidèles qui réclament leurs secours. Ils
» donnent plus d'étendue à leur zèle; animés
» par la confiance dont les honorent les pré-
» lats des diocèses voisins, ils se répandent
» dans les villes et les campagnes, pour y
» faire des retraites, des missions, des sta-
» tions d'Avent et de Carême.

» Ce considéré, plaira, Messieurs, de vos

» graces maintenir la chapelle de Bétharram
» comme maison de retraite et d'instruction
» publique pour les vérités de l'Evangile,
» etc. (1) »

Cette pièce, datée du 17 décembre 1790, fut renvoyée au Directoire du District de Pau, et n'eut aucun effet. La petite Congrégation fut définitivement dispersée dans le courant de 1791. On assigna aux divers membres une pension qui ne fut pas payée. Enfin, l'orage devint plus menaçant. Alors ces dignes prêtres durent, comme tous les autres ecclésiastiques demeurés fidèles à leur devoir, ou se cacher dans le pays, ou s'expatrier. M. Cassiet, alors âgé de 68 ans, se rendit en Espagne. On n'a plus entendu parler de lui.

Cependant, la maison de Bétharram avait recueilli en 92 des hôtes nouveaux, qui l'auraient en partie consolée du départ forcé de ses maîtres naturels, si, dans cette époque néfaste, les douleurs n'avaient pas dû succéder sans relâche aux douleurs. On y rassembla, des diocèses d'alentour, tous les capucins qui, loin de profiter de la liberté qu'une loi nationale prétendait rendre aux religieux de tous les ordres, avaient témoigné le désir de vivre

---

(1) *Manuscrit. Arch. départ.*

encore dans l'observation de leurs vœux. Mais ces bons Pères n'y séjournèrent que cinq ou six mois. Ce saint asile cessa d'être sûr. Ils s'acheminèrent à leur tour vers les frontières d'Espagne, où toutefois ils n'arrivèrent que trois mois après, parce qu'ayant été arrêtés dans la vallée d'Argelès, ils furent retenus au château de Lourde jusque dans les premiers jours de 1793.

Cette date rappelle l'une des périodes les plus calamiteuses de l'histoire du monde. Louis XVI MOURUT INNOCENT sur l'échafaud ; le FILS DE SAINT-LOUIS MONTA AU CIEL, laissant la terre en proie à d'épouvantables déchiremens. Le culte catholique fut entièrement aboli, et remplacé par celui de la *Raison*, qui fit place lui-même à un si dégoûtant athéisme, que les législateurs se virent contraints de décréter solennellement l'existence de l'Etre-suprême. Sous le règne de la *Terreur*, les temples et les cloîtres furent profanés ou dévastés comme jamais ils ne l'avaient été aux irruptions des barbares. Quel est encore de nos jours le vieillard qui se rappelle sans trembler les incroyables excès de la fureur révolutionnaire ?

Ce fut dans ce temps que de farouches envoyés de la Convention parcoururent la

France, sous le nom de représentants du peuple. Monestier, du Puy-de-Dôme, fut celui qui vint, par ordre de Robespierre, promener la guillotine dans nos contrées. Il se trouvait à Pau dans les premiers mois de l'année 1794. Quand il n'y eut plus de sang à répandre, on lui conseilla de faire des ruines, et ce fut sur Bétharram qu'on s'efforça d'attirer la destruction.

Monestier partit en effet pour Lestelle (17 mars 1794), acompagné de quelques fonctionnaires du District et escorté de tout ce que Nay et les communes environnantes comptaient de révolutionnaires. Aux approches de cette troupe furieuse, la consternation fut universelle; mais contre les malheurs dont on était menacé, on ne pouvait que prier et gémir. Encore fallait-il cacher avec soin ses prières et ses larmes.

Cependant un homme de tête et de cœur, M. Lescun, alors maire de Lestelle, se présente devant Monestier, avec le Conseil municipal, et lui adrésse une courte harangue, à l'entrée du village. Le représentant continue son chemin et va droit à la Chapelle. Aussitôt ses satellites parlent de se mettre à l'œuvre; des échelles arrivent et se dressent sur la façade. On va frapper les cinq statues qui la décorent, quand sur une observation de Lescun, Monestier s'écrie : « Respectez » ces chefs-d'œuvre ; il serait dommage de » les détruire. » On obéit ; mais c'est pour se précipiter dans le lieu saint et y commencer quelques dégats, parmi les imprécations et les blasphêmes. — Citoyen représentant, dit alors le courageux maire, je demande, au nom des arts, que ce monument soit conservé. — Oui, répondit Monestier, qu'il subsiste ; mais que les portes en soient murées. Citoyens, dehors !

Au Calvaire ! au Calvaire ! s'écrièrent les iconoclastes tout d'une voix. — Et aussitôt, comme des bêtes furieuses, ils se jetèrent sur cette proie qu'on ne put leur ravir. Ils brisèrent les portes des Chapelles ; les statues furent abattues, mutilées, et les enfants jouèrent avec leurs tronçons. Sur la porte de la Chapelle qui est au haut du Calvaire, on voyait une statue de la Vierge, en marbre blanc. Un misérable prit plaisir à la décapiter entre deux pierres. On dit que plus tard il subit lui-même un sort pareil. On dit aussi que de la statue en plomb du Christ à la Croix, il s'échappa un essaim d'abeilles, tandis que celle du Larron endurci ne recélait que des frelons. Cette circonstance provoqua quelques réflexions sérieuses; mais rien ne touchait ces hommes égarés.

De toutes les statues si nombreuses qui ornaient les huit Chapelles, il n'y eut que celle du Christ à la colonne qui échappa aux coups de la hâche révolutionnaire. Les débris de toutes les autres furent entassés dans un char et brûlés le lendemain dans la place publique de Nay.

On avait détruit un monument que le peuple vénérait. Rendait-on ce pauvre peuple meilleur et plus heureux, par des actes si impies? hélas! non. Mais écartons cette triste pensée, et remercions la Providence d'avoir du moins préservé la Chapelle et la maison de la ruine qui les menaçait. Remercions aussi les honnêtes gens qui, de concert avec M. Lescun, agirent d'une manière aussi heureuse qu'inespérée sur l'esprit et peut-être sur le cœur du terrible agent de Robespierre.

Conformément à l'ordre qu'il avait reçu, le maire se hâta de faire murer les portes de la Chapelle. L'établissement resta sous la garde de deux anciens Frères de la Congrégation et sous la surveillance de la municipalité de Lestelle.

Jamais peut-être Conseil municipal ne montra plus de zèle pour un édifice religieux, que celui dont M. Lescun était l'âme dans ces temps difficiles. En 95, un homme prétendit qu'il ne pouvait pas trouver de logement et demanda au Directoire que Bétharram lui fut affermé. Le Conseil s'y opposa, et, sur l'avis du directeur de l'enregistrement, la maison fut laissée dans le même état.

Peu après, M. Lescun profitant d'une espèce de réaction religieuse qui avait suivi la chute de Robespierre, demanda que la Chapelle fut affectée au Culte. Cette fois, sa pétition fut repoussée. Tout ce qu'il put obtenir des commissaires que le Directoire envoya sur les lieux, c'est qu'ils déclareraient qu'à « leur avis le moyen le plus sûr de conserver les tableaux de la Chapelle était, non pas de les entasser dans un dépôt, mais de les laisser en place. » C'était quelque chose, en attendant un temps meilleur.

Mais plus tard, l'Administration centrale du département arrêta qu'il serait procédé à la vente des bâtimens ainsi que du mobilier, à l'exception des objets précieux qui pouvaient servir à l'enseignement public, lesquels devaient être transportés à Pau dans la Bibliothèque nationale.

La vente eut lieu en effet. Heureusement que l'acheteur n'était pas de ces hommes qui spéculent sur les matériaux des vieux monumens. La maison de Bétharram n'eut pas à se plaindre de son nouveau maître ; il ne détruisit rien, et quand il revendit au diocèse, il put dire qu'il cédait le tout dans l'état où la révolution l'avait laissé.

Le Calvaire fut acheté par neuf propriétaires de Lestelle, qui le divisèrent en autant de lots. Ils n'exceptèrent du partage que l'esplanade du haut de la montagne, les Chapelles et le chemin, qui *devaient rester par indivis à perpétuité, pour servir,* dit le contrat, *aux usages religieux des comparants, à la charge par eux de pourvoir, à frais communs, à l'entretien des toitures desdites Chapelles.* Cette clause fait le plus grand honneur à ces braves gens, surtout quand on songe qu'ils ne craignaient pas de l'insérer dans un acte solennel, en l'an V de la République. Ils firent mieux encore quelques années après: ils abandonnèrent toutes les parties indivises à la maison de Bétharram, redevenue propriété ecclésiastique, en 1805.

Déjà, avant cette époque, il avait été fait d'heureux efforts pour rétablir le pélerinage. L'un des capucins, que nous avons dit avoir demeuré quelque temps à Bétharram, dans les premières années de la Révolution, le Père

Joseph avait refusé de suivre ses confrères en Espagne. Il se tint caché dans le pays, où il rendit de très-grands services en exerçant les fonctions du saint ministère, auprès des âmes qui tenaient encore à la religion. Il avait vu détruire le Calvaire, et le lendemain même de ce désastre, il avait formé le dessein et le plan d'une restauration complète. Aussitôt que les circonstances le permirent, aussitôt que le culte catholique eut été rétabli en France, par les soins de Napoléon, le Père Joseph commença les travaux ; il se donna beaucoup de peine, et avec le temps, il parvint à remettre ce saint lieu en état de satisfaire la dévotion des fidèles (1).

Nous avons vu que l'administration diocésaine racheta, au commencement de ce siècle, la maison et la chapelle de Bétharram. Mais ce n'était plus l'évêque de Lescar qui

---

(1) Le P. Joseph est encore plein de vie, quoique dans un âge très-avancé; c'est le même que M. Sempé, curé-doyen de Pouillon, en Chalosse, au diocèse d'Aire. Nous avons sous les yeux un *Etat des collectes et des dépenses* par lui faites pour l'œuvre de Bétharram, depuis le 22 août 1803 jusqu'à l'année 1811. Les recettes s'élèvent à 10,441 fr. et les dépenses à 11,333 fr. Parmi les bienfaiteurs de cette époque, on trouve un bon nombre d'ecclésiastiques et quelques personnes de haut rang, entre autres la Reine de Hollande.

devait protéger le saint pèlerinage : cette ville avait perdu, elle aussi, son siége épiscopal dans la tourmente révolutionnaire. Des onze églises cathédrales qui formaient autrefois la province ecclésiastique d'Auch, celle de Bayonne fut d'abord la seule qui recouvra son premier pasteur, et c'est sous son autorité que Bétharram doit accomplir désormais sa nouvelle destinée.

Disons-le tout de suite : les évêques de Bayonne, comme ceux de Lescar, se sont toujours plu à voir dans la dévote Chapelle le joyau le plus brillant de leur couronne. M.gr Loyson, le premier d'entre eux, aurait voulu y rétablir l'ancienne congrégation : mais la chose était impossible alors. Pour y suppléer, ce fut là qu'il plaça (1808) le petit séminaire de son vaste diocèse, sous la direction du vénérable abbé Lassalle, ancien prêtre de la Doctrine. En 1812, par suite sans doute des mesures que Napoléon venait de prendre contre les petits séminaires, l'autorité diocésaine eut la pensée de supprimer celui de Bétharram. Ce projet produisit la plus pénible sensation dans le public. Que va donc devenir la chère Dévotion, se demanda-t-on de toutes parts ? Un homme d'esprit se chargea de plaider la cause de cette maison. M. Baradère, curé de Saint-Jacques de Pau, rédigea un mémoire pour démontrer la nécessité de conserver Bétharram, *comme école de Théologie.*

L'auteur fondait sa thèse : 1.º sur la nature du lieu ; 2.º sur sa situation par rapport aux diverses parties du diocèse ; 3.º enfin sur les vrais besoins de ce même diocèse.

« Comme lieu de concours, disait-il, com-
» me terme d'un pélerinage, Bétharram est
» sous le rapport religieux un endroit en
» quelque manière classique, pour les quatre
» sixièmes du diocèse de Bayonne. A ce nom
» se trouve lié un prestige pieux qui rendra
» sans cesse vénérable tout ce que, dans ce
» local, on montrera désormais au public,
» pour le lui faire honorer ; les mêmes cho-
» ses, qui ne feraient ailleurs aucune impres-
» sion, en feront toujours là une très-forte,
» parce que là on est à *Bétharram.* Ces trois
» syllabes tiennent lieu de raison, ce qui
» n'est pas sans exemple et ce qui d'ailleurs
» n'est pas sans utilité. »

M. Baradère montrait ensuite que, si Bétharram cessait d'être consacré à l'éducation des jeunes clercs, il deviendrait aussitôt un foyer de désordres. Mais, disait-on, on coupera la racine du mal, en interdisant les

Chapelles. — Supprimer Bétharram ! s'écriait son chaleureux défenseur, cela ne se peut pas. « Bétharram a eu le célèbre Marca pour
» historien, et l'on n'efface point à son gré
» les pages écrites par un tel homme....

» On pourrait d'ailleurs *raser* Bétharram,
» sans que pour cela on fît cesser le concours.
» L'expérience des temps révolutionnaires a
» prouvé très-hautement qu'il ne dépend
» d'aucune force de comprimer l'affection
» qu'on a, dans ces contrées, pour un lieu que
» la piété des pères rend d'autant plus cher
» aux enfants, que la plupart y sont ap-
» portés, pour y être consacrés au Seigneur,
» dès qu'à peine ils savent en bégayer le
» nom, et qu'à des époques déterminées, ils
» y sont ramenés, pour qu'ils y renouvellent
» eux-mêmes les promesses qu'on y avait fai-
» tes pour eux. Aussi avec quelle opiniâtre
» constance ne s'est-on pas maintenu de nos
» jours dans l'habitude de faire le voyage de
» Bétharram, dans le temps même où tout
» semblait devoir en dégoûter les plus impa-
» tients ! La Terreur essaya vainement de
» faire déserter ce sanctuaire : elle y vomit
» des blasphêmes, elle y proféra des menaces
» épouvantables, et cependant les solennités
» n'en furent jamais abandonnées. Il n'y se-
» rait resté qu'un *caillou,* et l'on aurait encore

» couru pour le voir : il eut été pour l'habi-
» tant de ces contrées ce qu'était pour le Juif
» la pierre du champ de Béthel (1). »

M. Baradère avait quelque droit à se constituer aussi l'avocat de Bétharram, parce qu'il avait contribué à faire rentrer cette maison au pouvoir de l'autorité ecclésiastique. Sa voix fut entendue, et comme il l'avait demandé, Bétharram devint une école de théologie. Ce fut, depuis lors, l'un des grands séminaires du diocèse de Bayonne; M. Lassalle en fut toujours le supérieur jusqu'en 1831, année de sa mort. Ce charitable et digne prêtre avait fait de grandes dépenses pour augmenter le logement. Bétharram lui doit beaucoup.

En 1833, M.gr d'Arbou appela tous ses jeunes clercs dans le magnifique établissement que son illustre prédécesseur, M.gr d'Astros, avait fait élever aux portes de la ville épiscopale. Alors les prêtres auxiliaires du diocèse furent mis en possession de la dévote Chapelle et de ses dépendances. Qui n'a pas entendu parler déjà des missionnaires de Bétharram ? Quel est autour de nous le canton qu'ils n'aient arrosé de leurs sueurs et remué par leur parole si pleine de charité? Définiti-

---

(1) *Manuscr. Arch. de Bétharram.*

vement organisée par la haute sagesse de M.gr Lacroix, la réunion des prêtres de Bétharram forme, sous une autre règle, une société qui rappelle l'ancienne Congrégation, et qui, plus nombreuse que celle-ci, peut se vouer à une plus grande variété de bonnes œuvres. Cependant, c'est encore sur les missions des paroisses et sur le soin spirituel des pélerins, que les nouveaux Bétharramistes concentrent principalement les efforts de leur zèle.

Chez eux aussi, les ecclésiastiques étrangers à la maison trouvent un accueil toujours cordial, un accès toujours facile, quand ils veulent se retremper dans l'esprit du sacerdoce par le recueillement, la méditation et la prière. On voit même des laïques, venus quelquefois de bien loin, s'appliquer en ce saint lieu, sous les auspices de Marie et au pied de la Croix, aux exercices de la retraite spirituelle. En un mot, aujourd'hui, comme autrefois, Bétharram est une source de graces, où des âmes sans nombre vont se désaltérer avec amour. Daigne le Seigneur bénir de plus en plus ce sanctuaire, et lui donner chaque année quelque nouvel apôtre qui puisse, en union avec ses frères, se montrer le digne ministre de l'éternelle miséricorde !

CHAPITRE XII.

Description abrégée de la chapelle de Bétharram. Idée générale du Calvaire. — Travaux qu'on y exécute. — Edifiante société de jeunes artistes. — M. Alexandre Renoir ; genre qui caractérise son talent. — Prière à la Très-Sainte Vierge, MARIE, *notre Mère.*

—

Nous consacrons ce dernier chapitre à quelques détails descriptifs sur le saint lieu dont nous venons d'achever l'histoire. Ces détails nous paraissent être le complément naturel et nécessaire de notre œuvre, et déjà sans doute le lecteur les attendait de nous. Car on aime ordinairement à se former une idée sensible des lieux qui ont été le théâtre de faits intéressants.

Qu'on ne s'attende pas néanmoins à trouver ici le tableau du paysage de Bétharram ; nous l'avons tracé dans les premières pages de ce livre, et cela suffit. Ce que nous voulons décrire en ce moment, c'est le travail de la main des hommes, c'est-à-dire, la Chapelle et le Calvaire.

Il ne faut pas croire non plus que nous

ayons à contempler de rares magnificences. La physionomie de Bétharram, si l'on peut s'exprimer de la sorte, est parfaitement conforme à son histoire modeste, mais touchante, simple, mais pieuse. Ou bien encore, elle est comme la région qui l'entoure, empreinte de grace plutôt que de majesté; mais, après tout, c'est un petit monument dont le Béarn peut s'honorer à juste titre, comme on le verra par les notes suivantes.

Quoique la façade de la dévote Chapelle n'offre pas le coup-d'œil imposant des édifices chrétiens du moyen-âge, elle ne manque pas, dans son ensemble, d'une certaine dignité. Il y a là quelque chose de noble, quelque chose qui rappelle le caractère particulier des grands ouvrages du siècle de Louis XIV.

Entièrement revêtue de marbre blanc, cette façade est, pour ainsi dire, encadrée entre deux pavillons, et surmontée au milieu d'un petit clocher, derrière lequel s'élance une flèche hardie. Trois portes et deux fenêtres s'ouvrent dans les compartimens formés par de beaux pilastres, qui se superposent en deux étages. Aux encoignures intérieures des deux pavillons, jetés un peu en avant de la façade proprement dite, se trouvent dans des niches assez élevées, les statues des quatre évangélistes, appuyés sur les animaux symboliques. La Vierge est au-dessus de la grande porte; elle tient l'enfant Jésus dans ses bras et ses pieds écrasent la tête du dragon infernal. Ces cinq statues sont d'un magnifique marbre blanc translucide, extrait, suivant M. Du Mège (1), de l'excellente carrière de Louvie, dans la vallée d'Ossau. Comme de raison, la mieux travaillée est celle de la Vierge-Mère, dont le visage respire une douceur céleste qui fait plus d'honneur encore à la piété qu'au ciseau du sculpteur. On croit que c'est une copie de quelque grand modèle.

L'intérieur de l'édifice se partage en une grande nef et deux ailes collatérales. Il y a trois autels principaux (2). Celui qui se trouve au fond de l'aile gauche, c'est-à-dire, du côté de l'épître, a cela de remarquable, ou plutôt d'intéressant, qu'il représente, en bas-relief, l'apparition miraculeuse qui donna naissance à Bétharram. On y voit la sainte image de la Reine des Cieux, au milieu de tendres agneaux et d'enfans ébahis : le peuple lui donne le nom de *la Pastoure*, en

---

(1) *Statist. des départ. Pyrénéens*, tom. 1, p. 206.

(2) Le quatrième est à droite de la porte d'entrée : c'est l'autel de N.-D. de *Pitié* et des *Agonisants*.

Français, *la Bergère*. Le maître-autel est fort riche et d'un très-bel effet, grace à ses colonnes torses garnies de grappes et de feuillage, à ses hautes statues et à son vaste retable qui couvre tout le fond de l'Eglise jusqu'à la voûte. Depuis quelques années, il se décore peu-à-peu d'*ex-voto* emblématiques.

La voûte principale, en plein-cintre, mais croisée, est ornée de pendentifs, peinte en bleu de ciel, parsemée d'étoiles dorées, en relief, et agréablement sillonnée par des arcs qui, réunis d'abord en faisceaux cinq-à-cinq, divergent ensuite de toutes parts.

Les fenêtres du vaisseau principal, au nombre de huit, sont arrondies par le haut, et, comme tout l'édifice, dans le goût moderne. On regrette que les arcades des bas-côtés soient si basses; les piliers sont aussi trop courts : on dirait de simples piédestaux. Mais ce défaut est amplement racheté par les tableaux que l'on voit au-dessus.

Ce sont les tableaux qui mettent à part l'oratoire que nous décrivons. Les murailles en sont tapissées. De la porte aux autels, dans la grande nef et au bas-côtés, depuis la hauteur d'appui jusqu'au dessus des fenêtres, c'est une profusion étonnante de sujets religieux, les uns sur toile, les autres sur bois. La plupart de ces tableaux portent des personnages de grandeur naturelle ; s'ils ne sont pas tous exécutés avec un égal talent, il n'en est aucun qui ne se recommande par un ton de convenance parfaite.

Au reste, ne vous figurez pas que ces sujets soient jetés là, pêle-mêle et sans ordre. Au contraire, en parcourant avec soin cette collection nombreuse, on est charmé de la sagesse qui a présidé à leur choix et à leur placement.

Et d'abord, quand vous avez franchi la porte d'entrée, si vous levez les yeux sur le plafond de la tribune, qui est au-dessus de votre tête et forme autour de vous une espèce de vestibule, vous voyez, en buste, tous les ancêtres de J.-C. depuis Abraham jusqu'à Saint-Joseph. C'est l'histoire de l'Ancien Testament. Promenez ensuite vos regards autour de vous, sans quitter votre place, et sur les murs qui supportent la tribune, vous verrez les mystères de la vie de Marie, lesquels servent d'intermédiaire entre les temps anciens et la nouvelle loi (1).

Avancez ; et dans l'intérieur de l'Eglise, vous lirez toute l'histoire évangélique. Dans

---

(1) Pour rester dans le vrai, il faut dire qu'il s'est mêlé à cette partie de la collection des sujets étrangers

la nef, huit grands tableaux, quatre de chaque côté, placés entre les arceaux et les fenêtres, représentent les principales circonstances de la *vie cachée* de J. C., l'adoration des bergers et celle des Mages, la présentation au temple sous les yeux du bon vieillard Siméon, le massacre des Innocens, la fuite en Egypte, l'Enfant Jésus au temple à l'âge de douze ans, les noces de Cana et le baptême du Divin Sauveur dans les eaux du Jourdain.

Aux bas côtés, sont les mystères de la *Vie publique* de Jésus. Ils se suivent en commençant par l'aile droite : là se trouvent la conversion de Magdeleine et la résurrection de Lazare, etc. Puis viennent les douloureuses scènes de la Passion, qui se continuent encore sur le mur de l'aile gauche, où l'on aperçoit enfin après la résurrection et l'ascension du fils de Dieu, le grand mystère de la descente du S.ᵗ-Esprit, au jour de la Pentecôte.

Ce n'est pas tout : pour que l'histoire de la religion soit complète, il nous faut aussi les actes des Apôtres. Eh bien ! dans la grande nef encore, par dessus le tableau de la *Vie*

à la vie de la Sainte-Vierge. On songe à réparer ce désordre qui provient des dégats commis dans la Chapelle pendant la révolution.

cachée, dans le vide que la voûte, en se croisant, laisse sur les murs autour de huit fenêtres, on voit les quatre évangélistes rédigeant leurs livres immortels, et les douze illustres prédicateurs de la Bonne Nouvelle. Ceux-ci sont sur pied : il semble qu'ils marchent à la conquête de l'Univers, et un ange qui plane au-dessus d'eux paraît vouloir porter au Ciel le récit de leurs triomphes.

Ici, une réflexion vient se placer d'elle-même sous notre plume. N'est-il pas clair que cette histoire figurée est de nature à produire d'heureuses impressions sur le peuple, c'est-à-dire, sur tout le monde? Qu'ils sont donc mal avisés les sectaires qui voudraient bannir les saintes images de nos Temples ! L'Eglise Catholique a une plus profonde intelligence du cœur humain et nous lui devons des actions de grâces, pour avoir toujours maintenu cette partie, non moins utile que brillante, de son culte extérieur.

Mais revenons à notre sujet. Dans cette riche galerie, il fallait bien donner une place à l'histoire particulière de Bétharram. C'est sur les panneaux de l'orgue et de la tribune que se trouve cette histoire. Outre l'apparition de l'Image, on y a représenté l'état de la Chapelle après le passage des Calvinistes, puis des infirmes de tout genre recouvrant leur santé, et enfin des prisonniers qui voient tomber leurs chaînes par l'intercession de la consolatrice de tous les affligés.

Il est temps d'aller visiter le Calvaire : à vingt pas en avant de la Chapelle, est la première station, ou l'*Agonie* de N.-S. J.-C. au Jardin des Olives. Puis on commence à monter, et dans une autre chapelle, c'est la *Trahison de Judas*. Montez encore, montez toujours, et de deux en deux minutes, vous trouverez successivement J.-C. au *Tribunal de Caïphe*, sa *Flagellation*, son *Couronnement d'Epines* et sa *Condamnation à Mort*. Ensuite, vous le verrez portant péniblement sa croix au milieu des filles éplorées de Jérusalem. Enfin, à la huitième station, les bourreaux le clouent à l'instrument de son supplice.

Plus on s'élève sur la Montagne Sainte, et plus le sentier devient roide et difficile. Mais au sommet, on trouve un plateau allongé qui peut avoir cinq cents mètres de superficie. Le chemin du Calvaire aboutit à ce plateau par l'extrémité orientale, où s'élèvent trois grandes croix de marbre, aujourd'hui sans images. Le piédestal de celle du milieu porte les traces d'une infinité de coups de pierre ou de couteau : c'est un effet de la dévotion des pélerins qui désirent emporter un souvenir, une *relique* d'un lieu si attendrissant pour eux. Il y a sans doute un fond de piété dans cette manière d'agir d'un peuple bon et simple ; cependant on ne peut s'empêcher de condamner une *dévotion* qui finit par détruire.

En face des trois croix et à l'autre extrémité de l'esplanade, il existe une dernière chapelle, entourée de hêtres et de chênes. C'est là qu'on voit la *descente de la Croix*, le *Saint-Sépulcre* et la *Résurrection*. Cette chapelle, divisée en trois parties, est la plus vaste et la plus belle de toutes celles du Calvaire.

Les autres ne sont que de petites enceintes carrées d'une construction fort modeste. Le devant en est fermé par une grille, à travers laquelle les pélerins peuvent voir les diverses représentations des douloureux mystères.

Donnons ici quelques renseignemens sur la manière dont ces représentations sont exécutées. On sait que les Terroristes avaient détruit toutes les anciennes stations. Si nous en croyons ceux qui les ont vues, l'ouvrage de nos pères était d'une beauté remarquable. Mais il faut avouer que, depuis la révolution, Bétharram ne brillait point par son Calvaire.

Deux fois on a essayé de le rétablir, et deux fois on a fait une œuvre que l'art ne pouvait nullement avouer. Mais voici près de deux années qu'on a entrepris une troisième restauration de ce monument, et cette fois notre pays pourra se flatter de posséder un chef-d'œuvre.

Déjà les quatre premières stations sont terminées : on s'occupera de toutes les autres sans interruption.

C'est de Paris que nous est venu l'artiste, qui va placer Bétharram au-dessus peut-être de tous les établissemens de ce genre. Mais ce n'est pas aux écoles de Paris qu'il doit le vrai caractère de son talent : il a reçu du Seigneur la grâce de pouvoir puiser à une source plus élevée et plus pure.

Il y a quelques années, des jeunes-gens chrétiens sentirent leur isolement, au sein même de la capitale; ils éprouvèrent ce besoin d'épanchement, si naturel à l'homme né pour la société, ce besoin de dire à un cœur ami toutes ses émotions de crainte ou d'espérance, de joie ou de tristesse. Ces jeunes gens se réunirent, et ce fut d'abord pour prier en commun.

Sous l'influence catholique, tout projet d'association est un germe qui ne tarde pas à prendre d'admirables accroissemens. A l'époque dont nous parlons, une réaction religieuse commençait à se manifester dans tous les rangs de la société française. Nos jeunes gens voulurent que leur confrérie spirituelle contribuât, pour sa part, à la régénération du monde. Ils étaient tous artistes : peintres, statuaires, architectes et musiciens. Nous travaillerons, se dirent-ils entre eux, nous travaillerons, sous les auspices de Marie, la Mère de la grace Divine, à la sanctification de l'art et des artistes par la foi catholique, et à la propagation de la foi catholique par les arts et les artistes.

Mais où trouver le type de leurs œuvres à venir? Depuis trois siècles, l'art est sensuel et payen. Où retrouver cet art mystique et tout divin dont les productions ont fait répandre autrefois tant de larmes aux âmes pieuses? Ces productions des beaux âges de l'Eglise ont presque toutes disparu. Dans l'absence des modèles, les jeunes confrères eurent recours à l'histoire. En lisant les vies des Saints et celles des Artistes du Moyen-âge, ils connurent les raisons qui avaient porté ceux-ci à traiter tel ou tel sujet, d'une manière plutôt que d'une autre. La petite société s'enivra, dans cette lecture, des mêmes parfums de poésie qui, de l'âme de ses devanciers, se répandaient si abondamment sur leur œuvre.

Mais ce n'était pas assez : il fallut comprendre encore que la retraite et le silence sont comme l'atmosphère où l'art chrétien respire avec bonheur, et que les pratiques d'une piété généreuse et intime peuvent seules donner et régler cette exaltation céleste, qui est l'âme du génie. N'est-ce pas dans la solitude et la prière que les grands maîtres du treizième et du quatorzième siècles ont acquis ce je ne sais quoi de décent, de pur, de suave et de mystérieux qui brilla dans tous leurs travaux ?

Plusieurs de nos jeunes artistes n'hésitèrent pas à s'élancer dans cette carrière, où ils croyaient que l'Esprit de Dieu les appelait. Tandis que quelques-uns de leurs frères restaient à Paris, pour servir de centre à l'association, eux s'éloignèrent du monde, pour méditer plus à l'aise les grands sujets que le Christianisme offre aux beaux-arts.

M. Alexandre Renoir est du nombre de ces généreux solitaires de l'art chrétien. Sculpteur habile, et ce qui vaut mieux encore, catholique fervent, il est venu parmi nous, mettre les plus belles années de sa jeunesse, au service de Jésus crucifié et de sa Sainte Mère.

Les détails qui précèdent font comprendre au lecteur que ce qui doit distinguer les nouvelles stations de notre Calvaire, c'est une

vive empreinte du sentiment religieux. Mais on y retrouve aussi l'observation rigoureuse des principes les plus délicats de la sculpture. « Sorti de l'école si parfaitement grecque de
» M. Pradier, M. Renoir sait l'autorité sou-
» veraine des règles de l'art. C'est pourquoi,
» après avoir admiré les hautes qualités qui
» tiennent à l'inspiration et à la composition
» de cet artiste, et reconnu la solennité de
» ses types chrétiens, on est forcé de rendre
» témoignage à la pureté de ses contours, à
» la beauté sévère de ses profils, à la justesse
» de ses proportions » et à la noblesse avec laquelle ses draperies se déploient (1).

Telles qu'elles sortent des mains de M. Renoir, les stations se composent d'un bas-relief en plâtre, avec des figures de grandeur naturelle. Les groupes sont plus ou moins nombreux suivant les sujets. Il est des personnes qui regrettent, dans ces tableaux, l'absence des couleurs ; mais l'artiste craint, avec raison, d'altérer la finesse des traits par l'application d'une peinture, qui d'ailleurs ne résisterait pas à l'action des brouillards.

Pour donner une dernière idée du nouveau Calvaire de Bétharram, nous emprunte-

---

(1) M. Mazure, dans un petit écrit intitulé : *Sur une œuvre d'Art qui s'exécute à Bétharram*, page 17.

rons encore au savant auteur de l'*Essai sur la Philosophie des Arts et du Dessin* la description qu'il fait de la station du Christ au Jardin des Oliviers (1).

« Ce sujet si grand, si simple et si souvent
» traité ne pouvait l'être d'une manière plus
» grande, plus simple et à la fois plus neuve
» qu'il ne l'a été par M. Renoir. Quel sujet
» en effet! Dans un même être il y a l'hom-
» me, il y a le Dieu; il y a l'homme de dou-
» leurs, celui qui sait l'infirmité, *vir dolo-*
» *rum, sciens infirmitatem ;* mais aussi il y a
» le Dieu dans sa force voilée, le Dieu qui
» ne meurt que parce qu'il consent à mourir.
» Comme la nature succombe, mais aussi
» comme elle est relevée par la dignité divi-
» ne! Quel mystère de force et d'abattement
» dans ce corps qui s'affaisse et pourtant ré-
» siste, dans ce bras qui s'abandonne avec
» douceur à la main de l'ange, dans cette
» tête sacrée qui se penche, moins encore
» sous la douleur que sous la contemplation!
» Si l'on se plaignait de voir le regard du
» Christ trop complètement baissé, ne mon-
» tant pas assez vers son père, il serait aisé
» de répondre que l'homme seul a besoin
» d'élever ses regards pour contempler le
» Ciel; à l'homme-Dieu, c'était assez de se

(1) Ibid. page 12 et 13.

» recueillir et de contempler ce Ciel en lui-
» même. Une autre beauté de premier or-
» dre, c'est l'Ange soutenant le Christ. Dans
» quel grand goût il se détache tout entier
» sur le fond de ses deux vastes ailes qui
» l'environnent comme d'un nimbe glorieux !
» Il soutient Jésus ; mais sa figure, comme
» celle de l'Ange au Calice, montre assez
» que le Fils de Dieu n'a besoin d'être sou-
» tenu, que parce qu'il le veut bien, et que
» lui, l'Ange du Très-Haut, n'est là que pour
» prêter un ministère passif au sacrifice qui
» doit s'achever sur le Golgotha. »

Ajoutons en finissant que le talent de M. Renoir semble grandir, à mesure que son travail avance. Il est au moins évident qu'il y a une inspiration nouvelle dans chacune des stations suivantes. Dans la *Trahison de Judas*, le Christ est d'une expression incomparable : on lit dans ses traits, dans sa pose, et, si j'ose le dire, dans tous ses mouvemens, les affections diverses qui partageaient l'âme du Divin Sauveur, en ce moment solennel. Que de beauté aussi dans saint Jean, le disciple bien-aimé ! — A la troisième station, on est tout saisi par la majestueuse attitude de Jésus au tribunal de Caïphe. — Enfin, nous apprenons que la *Flagellation*, qu'on vient de mettre en place, donne la plus haute idée de ce qu'il y a de pur dans les principes de la nouvelle école. Le sujet était délicat; l'artiste en a tiré une œuvre toute spirituelle, dans le sens Chrétien de ce mot.

Continuez, vertueux jeune homme; Dieu couronnera lui-même vos efforts. Et quand, après avoir accompli la mission que vous vous êtes si généreusement imposée, vous retournerez auprès de vos frères, qu'il vous sera doux de leur dire combien le silence des bois et l'aspect imposant des montagnes, combien surtout la prière et la méditation sérieuse des mystères évangéliques élèvent et dilatent l'âme d'un artiste! En attendant, jouissez des bénédictions que Marie ne manquera pas de puiser pour vous dans les plus riches trésors de sa tendresse.

Mais souvenez-vous aussi, ô Vierge très-douce, du prêtre qui a étudié avec tant de joie les annales de votre vénéré sanctuaire, et qui, dans tous les temps, vous a trouvée si bonne pour les autres. Ah! montrez-vous aussi sa Mère! Secondez-le dans tous ses travaux; favorisez tous ses vœux et surtout celui qu'il forme d'aller au Ciel contempler votre gloire, avec celle de votre Divin Fils, Notre Sauveur, Jésus-Christ. Ainsi-soit-il.

APPENDICE.

Nous réunissons ici quelques morceaux de poésie, dont deux en Béarnais. La *Chronique de Bétharram* devait, ce semble, les recueillir et les conserver, si toutefois elle est destinée elle-même à se répandre et à subsister quelque temps.

Le premier de ces morceaux est la composition de M. Bataille, dont nous avons parlé plus haut, page 43. Nous espérons que l'Auteur de *la Capère de Bétharram* voudra bien nous pardonner, dirons-nous ce larcin, non, mais cet emprunt si propre à enrichir notre ouvrage. — En regard de cette pièce, le lecteur trouvera la traduction qui en a été faite par un membre de la Société Archéologique de Béziers.

En second lieu, nous publions un des *Cantiques populaires* sur la dévotion de Bétharram; ce n'est guère qu'une prose rimée. Mais il y a de la naïveté et de l'onction.

Vient enfin une *paraphrase* en vers latins des *litanies* de la S.te-Vierge, par Pierre de Bastide, le poète de Bétharram.

LA CAPÈRE DE BÉTHARRAM.

Nousté Dame deü cap deü poun,
Adyudat-mé à d'aquest'hore.

I.

Quoan lou Gabe, en braman, dits adiü à las pennes,
Y s'abance, à pinnets, à trubès boscs et prats,
Qué diséren qué craing dé rencountra cadénes
    Süs bords dé mille flous oundrats.

Aü bou temps deüs Gastous, ue béroye Capère
Counsacrade peü pople à la May d'eü boun Diü,
La qui touts ans dé loucing lous *Beürraimès* (1) appère,
    Qu'ère déyà ségude aü bord d'eü gran Arriü.

Mes n'ère pas labets coum adare noummade,
N'ère pas *Betharram* : qu'eb bouy dounc racounta,
Lous més amics, quin hou la Capère estréade
    Deü noum qui tien despuch-ença.

II.

    Drin aü dessus de la Capère,
    Ue hilhotte deüs embirous
    Houléyabe, bibe et leüyère,
    Y qu'empléabe sa tistère
    Dé las mey fresques de las flous.

(1) Nom que l'on donne à ceux qui vont en pélérinage à Betharram.

LA CHAPELLE DE BÉTHARRAM.

Notre-Dame du bout du Pont,
Venez à mon aide à cette heure.

I.

Quand le Gave quittant les rochers pour les plaines,
S'élance, en bondissant, dans les bois, dans les prés,
On dirait qu'il a peur de rencontrer des chaînes
    Dans les touffes de fleurs dont ses bords sont parés.

Au bon temps des Gaston, une chapelle sainte
Qu'à la Mère de Dieu, bâtirent nos aïeux,
Ouvrait déjà, non loin du Gave, son enceinte
    Aux nombreux pélerins accourus en ces lieux.

Il n'avait point alors ce modeste hermitage
Le nom de *Bétharram* inscrit sur son fronton.
Fils du Béarn, je vais dans votre vieux langage
    Vous conter d'où lui vient ce nom.

II.

    Près du toit où la Vierge veille,
    Une fille des lieux voisins,
    Vive, leste comme une abeille,
    Allait, remplissant sa corbeille
    Des fleurs que moissonnaient ses mains.

Moun-Diü ! la béroye flourette
Qui s'mirailhe hens lou cristaü,
Hens lou cristaü d'aquère ayguette,
Y tà bribente, y tà clarette,
Qui ba bagna lous pès de Paü !

Per la coucilhe ère s'esdébure ;
Lou pè qué l'eslengue y qué cat....
Gouyats ! la terrible abenture !
Lou Gabe à l'arrouyousse allure
Qué la s'emboulégue aü capbat.

La praübotte eslhéba soun âme
A la qui sab noustes doulous :
Dé tire cadou bère arrame
D'aüprès deü loc oùn Nouste-Dame
Adyude lous sous serbidous.

Y, chens s'abusa, la maynade
Séseich, en l'entreignen pla hort,
La branque peü Ceü embiade :
Per aquet moyen ey saübabe
Y douçamen miade aü bord.

Taüs las nôres du patriarche
Bes'crédèn pergudes, pari,
Quoan, pourtan l'arramette à l'arche,
La Couloume per sa désmarche
Deü délutyé announça la fi.

D'ue fayçou tà merbeilhouse
Puch qu'es arringade aü trépas,
Migue, hens la Capère oumbrouse
Dé ta patroune bienhurouse
Bet'remetté dé toun esglas.

Oh ciel! quelle fleur séduisante
Là, se mire au cristal de l'eau,
De cette eau pure et transparente
Qui, suivant sa rapide pente,
Baigne en passant les pieds de Pau!

Pour la cueillir, elle se presse....
Son pied glisse.... Jeunes garçons,
Ombragez vos fronts de tristesse!....
Le Gave qui bondit sans cesse
L'emporte dans ses tourbillons....

La pauvrette élève son âme
Vers celle qu'émeut le malheur....
D'auprès des murs où Notre-Dame
Vient en aide à qui la réclame,
Soudain tombe un rameau sauveur.

La jeune fille qui se noie,
Saisit, en l'étreignant bien fort,
Ce rameau que le ciel envoie,
Qui sous son étreinte se ploie,
Et la soutient jusques au bord.

Tel dans l'arche que l'eau balance
Noé croit son trépas certain,
Quand le rameau de l'espérance
Au bec de l'oiseau qui s'avance
Du déluge annonce la fin.

Puisqu'une aide surnaturelle
Te sauve du flot courroucé,
Petite amie, à la chapelle
De la Vierge à ta voix fidèle
Va réchauffer ton cœur glacé.

Diü de you ! quin es marfandide !
Quin trembles dé reth y dé poü !
Dé ta raübe blangue gouhide,
Y dé touns peüs, l'ounde limpide,
En goutéyan, muilhe lou soü.

« Chens boste ayde, qu'èri pergude, —
Ça dits-ère, — Reyne deü Ceü !
» Arrés n'a bist quoan souy cadude;
» Més bous qui m'abet entenude,
» M'abet adjudade aütà-leü.

» Boune May, pertout quens'démoure
» La tendresse de boste amou,
» Quoan roullabi capbat l'escourre,
» Qu'abet dat ourdi à la cassourre
» Qu'embiesse ue arrame entà you.

» Youb'offri dounc ma bère arrame;
» Qué lab'dépaüsi sùs l'aüta;
» Y-mey que hey bot en moun ame
» Qu'aci daban bous, Nouste-Dame,
» Gnaüt *beth arram* qué lusira.

» Sente-Bierye, n'oub-caü pas cragne
» Qué m'en desdigue lou mé pay :
» Souns moutous pèchen la mountagne;
» Souns blads croubèchen la campagne;
» Qu'eü héra counsenti ma may.

» Y you dab ue ardou nabère,
» En mémori de tout aço,
» Tout més, en aqueste Capère
» Oùn boste sente amou m'appère,
» Bierye, queb'oubrirey moun oò ! »

APPENDICE.

Oh ciel ! que te voilà tremblante !
Tes dents craquent sous le frisson !
De ta robe blanche collante
L'eau goutte à goutte ruisselante
A tes pieds mouille le gazon.

« Sans votre aide j'étais perdue,
» Dit-elle alors, Reine du ciel ;
» Ma chûte, nul ne l'avait vue ;
» Mais vous qui m'avez entendue
» Etes venue à mon appel.

» Votre amour, ô douce patronne,
» Pour nous toujours veille d'en haut :
» Quand l'eau m'entraîne et m'environne,
» Au chêne votre voix ordonne
» De m'envoyer vite un rameau.

» O vierge, je vous fais hommage
» De ce rameau qui séchera ;
» Mais, sur mon âme, je m'engage
» A mettre au pied de votre image
» Un *rameau* qui toujours luira.

» Trouverai-je, ô Vierge divine,
» Mon père contraire à mon vœu !
» Ses agneaux paissent la colline,
» Dans les champs sa moisson s'incline,
» Ma mère obtiendra son aveu.

» Et moi, dans une ardeur nouvelle,
» En souvenir de ce bonheur,
» Tous les mois, à cette chapelle
» Où votre saint amour m'appelle,
» Je vous ferai don de mon cœur. »

III.

La Capère despuch estou fort renoumade.
Aü miey deüs *ex-voto* dé soun riche trésor,
Qué byn enter las mas d'ue imatye sacrade
  L'ouffrande d'*ù beth arram d'or.*

D'aquiü, lou noum deü loc.Souben, loueing deü hourbari,
Oun qué s'y ba goari dé toute passiou,
En retrempan soun ame aü pensa salutari
  Deüs turmens qui per nous patì lou Saübadou.

Courret tà Bétharram, hilhots de la Nabarre,
Poplés de la Gascougne y deüs bords dé l'Adou :
La Bierye à Betharram nou hou yamey abare
  Deüs trésors deü dibin amou.

Vincent BATAILLE.

III.

La Chapelle depuis fut de tous vénérée.
Parmi les *ex-voto* de son riche trésor,
On voit briller aux mains de l'image sacrée
    L'offrande du *beau rameau* d'or.

De là le nom du lieu.... Loin du bruit de la ville,
Là de ses passions se guérit plus d'un cœur ;
Et l'âme s'y retrempe à la pensée utile
    Des tourmens que pour nous endura le Sauveur.

Courez à Betharram, enfans de la Navarre,
Peuples de la Gascogne et des bords de l'Adour ;
A Betharram jamais la Vierge n'est avare
    Des trésors du divin amour.

                    G. Azaïs.

CANTIQUES

QUI DEBEN CANTA
LOUS QUI BAN EN DÉBOUTIOU
EN TA BÉTHARRAM.

Penden lou biatgé.

Béy aniram, béy aniram,
Déboutamen t'a Bétharram;
U Co doulen qu'éy pourtaram :
A Diü lou Pay qué l'oufiriram.

Hurous, si poudem mérita
La graci de plàa médita
La tristé mourt y la passiou,
Qu'a souffrit nousté Saübadou !

Aü Calbère de Bétharram,
Aqu'iü nous-aüts qu'ad bédéram;
D'ad bédé nou's caü countenta,
Més touts qu'en débém proufieïta.

A la Chapèle u cop entrats
Counfesséram noustés pécats,
Dab gran régrèt et gran'doulou
Coum sus la Crouts lou bou laïrou.

La coumuniou nous qu'ey haram;
A Nousté Dame l'oufiriram,
T'a quen's prengue en sa proutectiou
Et quen's accordé sa fabou.

Lou sermou nous escoutéram,
Et nousté proufieit qu'én haram,
T'a nousté bite plàa passa,
Chens yaméi plus Diü aüfença.

Lous Sents tabé qué prégaram
Y lur secours plouréram,
En-t'a qu'intercèdén per nous
Qué siam aü reng d'oüs bienhurous.

En puyan cad'sus d'eü Calbêré.

1.º

Jésus 'qu'és bét tout prousternat,
Tristé, mourén, casi-acabat ;
Sen Jean, Sen Jacques adroumits ;
Pierre tabé, nad mout nou dits.

Jésus, bous qu'èt en ourèsou,
Per you qui souy gran pécadou ;
Dé bosté sang qu'èt tout tintat,
Per laba moun iniquitat.

2.º

Tout près d'aquiü, à quaüqués pas,
Oun qu'oü bét trahit per Judas ;
Aquét homi desbenturat
Qu'oü ba liüra per u baïzat.

Lous souldats qui l'abèn séguit,
Qu'oü liguen coum si-ère u bandit.
Sen Pierre indignat nou'n pot plus,
Qu'é coupe l'aüreilhe à Malcus.

Per you, Jésus, bous qu'èt ligat
Désliga-t-mé d'oü mé pécat ;
Inspirad-m'én aütan d'hoürrou
Qu'in caü t'an abé lou perdou.

5.º

Aci Jésus, dab gran' doulou,
Que souffreix la flagellaciou ;
D'oüs cops qui-oü dan tout retenteix ;
Qu'éy casi mourt, tan ét souffreix.

Lou soulé qu'ey tout arrouzat
D'oü précious sang qui-èt a bersat ;
Touts lous Anjous qu'én an hoürrou
Y qué plouren dab gran' doulou.

Plourat mouns ouelihs, améramens,
Plourat de Jésus lous tourméns,
Caüsats per ma sensualitat,
Qui tout soun corps a desquissat

4.º

Dé brucs aci l'an courounat
Y per mespréz Réy saludat;
D'u mantou rouy l'an rébestit,
Y dé crachats qué l'an croubit.

Coum bous èt lou Réy de doulous,
Régnat sus mas affectious,
You'b daü mon cô y moun esprit
Jésus, lou mé Réy bénédit.

5.º

Dé pourpre qu'abèn habilhat
Lou sou corps tout ensanglantat,
Pilate qui-oü boulé saüba,
Ataü aüs Juifs qu'oü présenta.

Lou publé, tout enfélounat,
Cride labéts : « sie crucifiat !
» Qué soun sang sie barreyat,
» Sus la nousté poustéritat !

» Si bous desliürat Jésus-Chrit
» De César qué n'èt pas l'amic. »
Labéts, lou lâché nous craing pas,
Qué prén aïgue y labe sas mas.

Et qué coundane l'innoucén,
Y Barrabas ! libre qu'oü rén....
Aci lou co, à you, s'em hén
Dé bédé Jésus tan soufren.

6.º

Lou corps de cordes garrouttat,
Dû grane croutz que l'an cargat;
Féble, acablat d'aquét grand pés
Per terre cad, y nou'n pot més.

7.º

Aü Calbère enfin arribat
A la Croutz qué l'an clabérat,
Y déns sa sét l'an abeürat
Dé hèu dab binagré trempat.

APPENDICE. 229

8.º

L'an cargat de mille doulous,
Y plaçat enter dus laïrous;
Et qu'éy en tout défigurat,
Y coum u boulur réputat.

9.º

D'aquére crouts l'an descendut,
Y déhens lou toumbéü mettut.
Sa praübé may, lou co clabat,
Loungtemps l'a tiéngut embrassat.

Las bierges qui l'aben séguit
D'oü bédé qu'an lou co hérit.
Plus d'u roc y-abou dé hénut,
Y lou soureil s'ère escounut.

Hère de mourts ressuscitan,
La terre gémi en tremblan.
Lous pécadous q'és coumbertin
Quan touts aquets miraclès bin.

Ataü héram à Bétharram
Si plàa déboutamén èy bam.
Préguém, touts, acquet Diü d'amou
Qu'en's hassi part à sa passiou.

En s'én tournan de Bétharram.

Béy èm anats t'à Bétharram,
Y plàa countrits qué s'en tournam.
Tout ço qui y'éy réprésentat
Nou pot esta plàa racountat.

Lou pécadou méy endurcit
Bé plouréré, si-ad abé bist.
A la gléyze, lou co'smabut,
Aü Calbère, qu'éy tout pergut.

BEATÆ VIRGINI BETHARRAMIÆ.

Sacrarum precationum, quas vulgo Litanias augustæ
Virginis appellant, numeris astricta paraphrasis

OPERIS DEDICATIO.

Accipe, Virgo, tuæ præconia debita laudi
    Et totidem meritis parta trophœa tuis.
Hæc toties hominum curâ superûmque labore
    Debetur fronti texta corona tuæ.

Kyrie eleison, Christe eleison.
Da veniam, Domine, et populi miserere precantis,
    Dexter, ades; servis annue, Christe, tuis.
Christe audi nos, Christe exaudi nos.
Christe, preces audi fusas, gemitusque tuorum
    Exaudi voces, Christe benigne, meas.
Pater de cœlis, Deus, miserere nobis.
Aspice de cœlo miserum, pater optime, et aures
    Da misero faciles in mea vota tuas.
Fili, redemptor mundi, Deus, miserere nobis.
Nate, Salus mundi, clari genitoris imago,
    Da veniam palmæ quam meruere tuæ.
Spiritus Sancte, Deus, miserere nobis.
Spiritus alme, patris natique et flamen et ardor,
    Dissipet omne scelus flaminis aura tui.
Sancta trinitas, unus Deus, miserere nobis.
Sancta trias, ter magne Deus, ne sperne rogantes,
    Numine tota fluant corda liquata tuo.
Sancta Maria, ora pro nobis.
Tu nostros toties, virgo, solata labores
    Lucida sidereæ limina pande domûs.
Sancta Dei genitrix, ora pro nobis.
Magna Dei genitrix, tua nota potentia mundo
    Imperat et mundum temperat imperio.

APPENDICE.

Sancta Virgo virginum, *ora pro nobis.*
Virginei decus omne chori, Virgo inclyta, rore
   Virgineo, et puro flumine tinge tuos.

Mater Christi, ora pro nobis.
Tu Virgo, Christi genitrix, materque piorum
   Optatam natis conciliabis opem.

Mater divinæ gratiæ, ora pro nobis.
Gratia quæ totam te sic fœliciter implet
   In nostros per te deffluat usque sinus.

Mater purissima, ora pro nobis.
Tu mentem purgare potes, purissima mater
   Ut purum videat, purior igne Deum.

Mater castissima, ora pro nobis.
Casta parens, virgoque simul, fac temperet ignes
   Immodicos animi flamma pudica tui.

Mater inviolata, ora pro nobis.
Inviolata parens, nullo violabilis œstu
   Non violabit opes vis violenta tuas.

Mater intemerata, ora pro nobis.
O mater nivei flos intemerate pudoris
   O utinam mea mens spiret odore tuo.

Mater amabilis, ora pro nobis.
Semper amata Deo, divini mater amoris
   Saxeus est qui non ardet amore tui.

Mater admirabilis, ora pro nobis.
Tu potes imperio quidquid mirabile factu est
   Et miranda tuis omnia mira facis.

Mater creatoris, ora pro nobis.
Magna creatoris mater, tu maxima rerum
   Quæ regis arbitrio cuncta creata tuo.

Mater Salvatoris, ora pro nobis.
Morte suâ mundum Christus servavit eundem
   Tu precibus servas, virgo benigna, tuis.

Virgo prudentissima, ora pro nobis.
Nunquàm visu fuit major prudentia, quam quæ
   Tàm metuenda reis jurgia composuit.

Virgo veneranda, ora pro nobis.
Tu Dominum venerata tuum, venerabile mundi
   Subsidium, nobis, ter veneranda, fave.

Virgo prædicanda, ora pro nobis.
Laus tua jàm totum, virgo, diffusa per orbem
    Obruit appulsu carmina nostra suo.

Virgo potens, ora pro nobis.
Virgo potens, quæcumque vigent quæcumque moventur
    Undique presidio stant benè septa tuo.

Virgo clemens, ora pro nobis.
Me tua magna tuas clementia traxit ad aras
    Ad quas justitiæ fulmen inane cadit.

Virgo fidelis, ora pro nobis.
Accipe daque fidem fidissima virgo, sed in me
    Extingui veram ne patiare fidem.

Speculum Justitiæ, ora pro nobis.
Justitiæ speculum crystallo purius; in quo
    Spectantur justi tela timenda Dei.

Sedes sapientiæ, ora pro nobis.
In te vera suam posuit sapientia sedem
    Huic sapit ambrosius qui fluit inde sapor.

Causa nostra lætitiæ, ora pro nobis.
Lætitiæ tu causa meæ, tu copia rerum
    Dives, et una mei fons et origo boni.

Vas spituale, ora pro nobis.
Vas ubi terrenæ nulla est contagio labis.
    Cœlesti sordes abluc fonte meas.

Vas honorabile, ora pro nobis.
Vas in quo cœlum cœlestes servat honores
    Sic quoque cœlestis nos comitetur honos.

Vas insigne devotionis, ora pro nobis.
Vas ubi devotæ spirant incendia mentis
    Nos quoque divinus sanctiùs urat amor.

Rosa mystica, ora pro nobis.
Tu rosa spinarum expers, spinas crue; sed quas
    Infigunt menti crimina dira meæ.

Turris Davidica, ora pro nobis.
Arx munita Dei manibus, Davidica turris,
    Quæ sola insultus spernit, averne, tuos.

Turris Eburnea, ora pro nobis.
Turris eburna tuo quæ Cœlum vertice tangis
    Tu mihi sydereas vertice pande fores.

APPENDICE

Domus aurea, ora pro nobis.
Aurea tota domus, nobis sit et aurea virtus
   Quæ reseret templi limina sancta tui.

Fœderis Arca, ora pro nobis.
Te veneror supplex œterni fœderis arca
   Quæ pacem œterno fœdere concilias.

Janua Cœli, ora pro nobis.
Tu Cœlum reseras quod mater clauserat Eva;
   Hinc Cœli dici Janua aperta potes.

Stella Matutina, ora pro nobis.
Stella coruscantis verè prœnuntia solis,
   Unica quæ solem protulit ipsa suum.

Salus infirmorum, ora pro nobis.
Hùc age lethali morbo quicumque laboras,
   Quippè erit hœc morbo certa medela tuo.

Refugium peccatorum, ora pro nobis.
Hùc properate citi quos pœnitet esse nocentes,
   Nusquàm alibi refugas tutior ara manet.

Consolatrix afflictorum, ora pro nobis.
Non ignara mali miseris succurrere disce
   Cujus vita mali tàm grave sensit onus.

Auxilium Christianorum, ora pro nobis.
Christiadum genus omne tibi se subjicit ultrò,
   Christe vera tui, Christiadumque parens.

Regina Angelorum, ora pro nobis.
Te quoque syderei reginam, Virgo, fatentur
   Aligeri imperiis subdita turba tuis.

Regina patriarcharum, ora pro nobis.
Te colit et patrum venerabilis ille senatus,
   Et Cœli dominum sœpiùs ore vocas.

Regina Prophetarum, ora pro nobis
Te cecinêre pii præsago carmine vates :
   Te cecinit versu prisca Sybilla suo.

Regina Apostolorum, ora pro nobis.
Te Christi comites primi novêre Magistram
   Edocti monitis quæ docuêre tuis.

Regina Martyrum, ora pro nobis.
Martyribus comitata tuis, socia agmina princeps
   Ducis, et ad pugnam mox generosa precis.

Regina Confessorum, *ora pro nobis.*
Te Confessorum simplex comitatur euntem
    Agmen, et exemplo vivit agitque tuo.

Regina Virginum, *ora pro nobis.*
Ad tua Virgineœ properant vexilla phalanges.
    Jactantes rubeis lilia mixta rosis.

Regina Sanctorum omnium, *ora pro nobis.*
Sanctorum Regina parens, da jungere palmas
    Sanctorum palmis, et sociare manus.

Agnus Dei, qui tollis peccata mundi,
    Parce nobis Domine.
Tu scelerum maculas, Agnus purissime dele,
    Ablue sanguineis noxia cuncta notis.

Agnus Dei qui tollis peccata mundi,
    Exaudi nos Domine.
Exaudi famulos valide clamore vocantes.
    Agnus sydereâ missus ab arce patris

Agnus Dei, qui tollis peccata mundi,
    Dona nobis pacem.
Tu passus tantos vitœ mortisque labores,
    Da nobis vitœ nobilioris opes.

Petrus Bastidoeus Tausianus.

TABLE DES MATIÈRES.

		Pages.
Avant-Propos.		
I.	Site de Bétharram..................	9
II.	Dévotion des Béarnais et des populations voisines pour la très-sainte Vierge...........................	14
III.	Justification des pélerinages........	19
IV.	Idée générale de cette Chronique. — Un mot sur les miracles.........	27
V.	Indication des principales sources de cette histoire....................	31
	Déclaration.....................	39
	Chronique de Bétharram.	
Chap. I.	Du nom et de la première origine de Bétharram. — De sa destruction par les Calvinistes	41
Chap. II.	Ce qui se passa à Bétharram pendant le règne du calvinisme et immédiatement après. —Restauration de la Chapelle. — Projet d'une congrégation. — Notre-Dame de Garaison..	53

Chap. III. *Belle cérémonie faite à Bétharram par les prêtres de Garaison, sous la protection du Seigneur de Coarraze. — Premiers Chapelains. — Donation qui leur est faite par la commune de Lestelle*............ 67

Chap. IV. *Léonard de Trappes, archevêque d'Auch, vient visiter la chapelle de Bétharram. — Miracle opéré sur une croix que ce prélat avait plantée*.. 79

Chap. V. *Arrivée de Charpentier à Bétharram. — Une Congrégation se forme. — Etablissement du Calvaire. — Travaux qu'on exécute*..................... 92

Chap. VI. *Ordonnance de l'évêque de Lescar pour instituer la congrégation des prêtres du Calvaire de N.-D. de Bétharram. — Statuts ou règles de cette congrégation. — Lettres-patentes de Louis VIII. — Bref du pape Alexandre VII*..................... 106

Chap. VII. *Etablissement d'une Confrérie de la Sainte-Croix. — Charpentier fonde le Calvaire du Mont-Valérien, près de Paris. — Sa mort et son épitaphe. — Mort de David Béquel*............ 121

Chap. VIII. *Le chapelain Tristan de Lupé du Garané. — Le poète Pierre*

TABLE DES MATIÈRES. 237

	de Bastide.—Principaux bienfaiteurs de Bétharram au 17.ᵉ siècle. — Considérations générales sur les miracles de Bétharram.................	135
Chap. IX.	Récit de quelques miracles. — Le perclus de Lourde. — Un petit aveugle de Nay.— M. de La Roche.—M. de Cazaux, ancien calviniste. — M.ᵐᵉ d'Echaux. — M.ᵐᵉ de Lauzun. — Un médecin faisant un vœu pour sa malade. — M. de Moneins et les médecins protestants.........	154
Chap. X.	Consécration de la chapelle de Bétharram. — Nouveau Calvaire. — Décadence de la congrégation. — Elle se ranime par l'arrivée de nouveaux prêtres. — Le bien qui se faisait à la fin du XVIII.ᵉ siècle......	168
Chap. XI.	Des principaux événemens dont Bétharram a été le théâtre pendant la révolution française. — De ce qu'il a été après la restauration du culte.—De son état actuel.................	184
Caap. XII.	Description abrégée de la chapelle de Bétharram. — Idée générale du Calvaire. — Travaux qu'on y exécute. — Edifiante société de jeunes artistes.	

—*M. Alexandre Renoir; genre qui caractérise son talent.* — *Prière à la Très-Sainte Vierge* MARIE, *notre Mère*.......... 201

APPENDICE.

La Capère de Bétharram.......... 217
Cantique Béarnais sur Bétharram. 226
Paraphrase latine des Litanies de la Sainte-Vierge.................... 230

PAU. — TYPOGRAPHIE DE É. VIGNANCOUR.

FAUTES PRINCIPALES A CORRIGER.

Page 93, ligne 28 *couvenances*, lisez : *convenances*
— 98 — 11 *confirmés*, lisez : *confirmées*.
— 113 — 14 *considératiou*, lisez : *considération*.
— 127 — 2 *les* caractérisaient, lisez : *le*
— 199 — 5 *aussi*, lisez : *ainsi*

www.ingramcontent.com/pod-product-compliance
Lightning Source LLC
Chambersburg PA
CBHW060118170426
43198CB00010B/945